HISTOIRE

D'UNE

GRECQUE MODERNE.

SECONDE PARTIE.

Y².548.

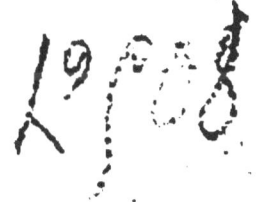

HISTOIRE

D'UNE

GRECQUE MODERNE.

SECONDE PARTIE.

A AMSTERDAM,

Chez François Desbordes,
près la Bourſe.

M. CC. XL.

HISTOIRE
D'UNE
GRECQUE MODERNE.

LIVRE SECOND.

Nous étions dans la plus belle Saison de l'année. Mon Jardin réunissant tout ce qu'on peut s'imaginer d'agréable dans une Campagne, je proposai à Théophé d'y prendre l'air après souper. Nous fîmes quelques tours dans les plus belles allées. L'obscurité n'étoit pas si profonde que je ne crusse avoir apperçu dans divers enfoncemens la figure d'un homme. Je me figurai que c'étoit mon ombre, ou quelqu'un de mes

Domestiques. Dans un autre endroit, j'entendis le mouvement de quelque feuillage, & mon esprit ne se tournant point à la défiance, je m'imaginai que c'étoit le vent. Il s'étoit refroidi tout d'un coup. Le mouvement que j'avois entendu me parut un signe d'orage, & je pressai Théophé de s'avancer vers un cabinet de verdure où nous pouvions nous mettre à couvert. Bema nous suivoit avec une autre Esclave de son sexe. Nous nous asîmes quelques momens, & je crus entendre le bruit d'une marche lente à peu de distance du cabinet. J'appellai Bema, à qui je fis une question indifférente, pour m'assurer seulement de l'éloignement où elle étoit de moi. Elle n'étoit pas du côté où j'avois entendu marcher. Je commençai alors à soupçonner que nous étions écoutés, & ne voulant point causer de frayeur à Théophé, je me levai sous quelque prétexte, pour découvrir qui étoit capable de cette indiscrétion. Il ne me tomba point encore dans l'esprit que ce pût être un autre qu'un de mes Domestiques. Mais n'ayant apperçu personne, je rejoignis tranquillement Théophé. La nuit commençoit à s'avancer. Nous retournâmes à son appartement sans avoir fait d'autre rencontre.

Cependant, comme je ne pouvois m'ôter de l'imagination que j'avois entendu quelqu'un autour de nous, & qu'il me paroissoit important de punir cette hardiesse dans mes Domestiques, je resolus, en quittant Théophé, de m'arrêter quelque tems à la porte du Jardin, qui n'étoit pas éloignée de son appartement. Ma pensée étoit d'y surprendre moi-même le curieux qui nous avoit suivis, lorsqu'il lui prendroit envie de se retirer. Cette porte étoit une grille de fer, par laquelle il falloit passer nécessairement ; je n'y fus pas long-tems sans distinguer dans les ténébres, un homme qui venoit vers moi ; mais il m'apperçut aussi, quoiqu'il lui fût impossible de me reconnoître, & retournant sur ses pas, il ne pensa qu'à regagner le bois d'où il sortoit. Mon impatience me fit marcher sur ses traces. Je levai même la voix, pour lui faire entendre qui j'étois, & je lui ordonnai d'arrêter. Mon ordre ne fut point écouté. Le ressentiment que j'en eus fut si vif, que prenant un autre parti pour m'éclaircir sur le champ, je rentrai chez moi, & je donnai ordre qu'on appellât tout ce que j'avois de Domestiques à Oru. Le nombre n'en étoit pas infini. J'en avois sept, qui parurent au même moment. Ma confusion augmenta jusqu'à me faire cacher le motif qui m'avoit porté à les assembler, & le Sélictar me revenant à l'esprit avec tous les soupçons qui pouvoient accompagner cette idée, je fus indigné d'une trahison dont je ne crus pas qu'il me fût permis de douter. Il me parut clair qu'il s'étoit logé dans quelque maison du voisinage, d'où il se flattoit de s'introduire chez moi pendant la nuit. Mais étoit-ce de l'aveu de Théophé? Ce doute qui s'éleva aussi-tôt dans mon esprit me jetta dans une mortelle amertume. J'aurois donné ordre à tous mes gens de descendre au Jardin, si je n'eusse été retenu par une autre pensée, qui me fit prendre une résolution toute différente. Il me parut beaucoup plus important d'approfondir les intentions du Séliêtar que de l'arrêter. Ce fut à moi-même que je réservai ce soin. Je renvoyai tous mes gens, sans en excepter mon Valet de chambre, & retournant à la porte du Jardin, je m'y cachai avec plus de soin que je n'avois fait la premiére fois, dans l'espérance d'y voir revenir le Séliêtar avant la fin de la nuit. Mais j'eus encore le chagrin de m'être fatigué fort inutilement.

Il étoit rentré pendant que je faisois assembler mes gens. Bema, qui l'avoit conduit elle-même au Jardin, s'étoit défié de mes soupçons, & quittant sa Maîtresse sous quelque prétexte, elle l'avoit rappellé assez promptement pour le dérober à mes recherches. Je passai tout le jour suivant dans un chagrin que je ne pus déguiser. Je ne vis pas même Théophé, & l'inquiétude qu'elle me fit marquer le soir pour ma santé me parut une perfidie dont je cherchois déja le moyen de me vanger. Pour augmenter mon trouble, je reçus avis à la fin du jour que la vie du Bacha Chériber étoit dans le dernier danger, & que ses amis qui sçavoient déja la démarche que j'avois faite en sa faveur, me conjuroient de revoir le Grand Visir pour renouveller mes sollicitations. Quel contretems, à l'entrée d'une nuit où j'étois résolu de recommencer ma Garde à la porte de mon Jardin, & où je me repaissois déja de la confusion dont je voulois couvrir le Sélictar? Cependant, il n'y avoit point à balancer entre l'intérêt d'une passion & celui du devoir. Le seul tempéramment qui pouvoit se concilier avec l'un & l'autre étoit de faire assez promptement le voyage de Constantinople pour être de retour avant que la nuit fût trop avancée. Mais en pesant l'emploi de tout les momens, ma plus grande diligence ne pouvoit me rendre chez moi avant minuit ; & qui me répondoit qu'on n'abuseroit point de mon absence ?

J'en vins ainsi par dégrés à me faire un reproche d'avoir rejetté les conseils de Bema ; & dans l'extrémité pressante où j'étois, je ne vis point d'autre ressource que d'y recourir du moins dans cette occasion. Je la fis appeller. Bema, lui dis-je, des affaires indispensables m'appellent à Constantinople. Je ne puis abandonner Théophé à elle-même, & je sens la nécessité d'avoir près d'elle une Gouvernante aussi fidélle que vous. Prenez-en, sinon le titre, du moins l'autorité jusqu'à mon retour. Je vous confie le soin de sa santé & de sa conduite. Jamais on ne s'est livré si follement à la perfidie. Cependant, cette misérable m'a confessé, dans un moment où les circonstances la forçoient d'être sincére, que si je n'eusse point borné sa commission, & qu'au lieu de lui en faire envisager la fin à mon retour, je lui eusse donné l'espérance de conserver toute sa vie le même ascendant dans ma maison, elle auroit rompu tous ses engagemens avec le Sélictar pour me servir fidélement.

Je partis extrêmement soulagé ; mais mon voyage fut inutile à mes deux amis. J'appris en arrivant chez

moi que le Grand Vifir y avoit envoyé deux fois un de fes principaux Officiers, qui avoit marqué beaucoup de regret de ne me pas rencontrer, & quelques bruits qui avoient commencé à fe répandre fourdement me firent mal augurer du fort des deux Bachas. Cette nouvelle, jointe à ce qu'on m'apprenoit du Grand Vifir, ne me permit pas de prendre un moment de repos. Je me rendis chez ce Miniftre, quoiqu'il ne fût pas moins de dix heures, & prenant pour prétexte l'impatience que j'avois de fçavoir ce qu'il défiroit de moi, je le fis prefler, au Sérail même où je m'étois fait affurer qu'il étoit, de m'accorder un moment d'entretien. Il ne me le fit pas trop attendre; mais il abrégea ma vifite & mes plaintes par le foin qu'il eut de prévenir mon difcours. Je n'ai pas voulu, me dit-il, que vous puffiez m'accufer d'avoir manqué d'égard pour votre recommandation; & fi mon Officier vous eut trouvé chez vous, il étoit chargé de vous apprendre que le Grand Seigneur n'a pu fe difpenfer
d'exercer

d'exercer sa justice sur les deux Bachas. Ils étoient coupables.

Quelqu'intérêt que j'eusse pris à leur justification, il ne me restoit rien à opposer contre une déclaration si formelle. Mais en confessant que les crimes d'Etat ne méritent point d'indulgence, je demandai au Grand Visir si celui de Chériber & d'Azet étoit un mystére que je ne dusse pas pénétrer. Il me répondit que leur crime & leur suplice seroient publiés le lendemain, & que c'étoit m'accorder une faveur légére que de me les apprendre quelques heures plutôt. Aurisan Muley, Aga des Janissaires, irrité depuis long-tems contre la Cour, qui avoit entrepris de diminuer son autorité, s'étoit proposé de mettre sur le Trône le Prince Ahmet, second frere du Sultan, qu'il avoit élevé dans son enfance, & qui s'étoit fait renfermer depuis quelques mois dans une étroite prison, pour quelques railleries ausquelles il s'étoit échappé contre son frere. Il avoit fallu s'assurer des dispositions de ce Prince, & former des intelligences avec lui dans sa prison. L'Aga y étoit parvenu avec une adresse dont les ressorts n'étoient pas encore connus, & c'étoit le seul embarras qui restât au Ministre. En cédant à la force des tourmens qui lui avoient arraché la confession de son crime, il avoit gardé une fidélité inviolable à ses amis, & le Visir m'avoua lui-même qu'il ne pouvoit lui refuser son admiration; mais ses étroites liaisons avec Chériber & Dely Azet, qui avoient été successivement les deux derniers Bachas d'Egypte, avoient fait prendre au Divan le parti de les faire arrêter. Ils possédoient tous deux d'immenses richesses, & leur crédit étoit encore si puissant dans l'Egypte, qu'on n'avoit pas douté qu'ils ne fussent les principaux fondemens de l'entreprise de l'Aga. En effet, la crainte d'une cruelle torture, dont ils n'avoient pu soutenir l'approche à leur âge, les avoit forcés d'avouer qu'ils étoient entrés dans la conspiration, & que le projet formé entre les Conjurés étoit de passer en Egypte avec Ahmet, si l'on ne réussissoit point à l'établir tout d'un coup sur le Trône. Cet aveu n'avoit point empêché qu'on ne leur eût fait souffrir divers tourmens, pour tirer d'eux le nom de tous leurs complices, & pour s'assurer particuliérement si le Bostangi Basis & le Sélictar étoient coupables. Mais soit qu'ils l'ignorassent en effet, soit qu'ils se fussent piqués de la même constance que l'Aga, ils avoient persisté jusqu'à la mort à ne les charger d'aucune trahison. Quatre heures plutôt, me dit le Grand Visir, vous les auriez trouvés étendus dans mon anti-chambre, car c'est avec moi qu'ils ont eu leur dernier entretien, & l'ordre du Grand Seigneur étoit qu'ils fussent exécutés en me quittant.

Quelque saisissement que je ressentisse d'une catastrophe si récente, un reste d'amitié pour le Sélictar me fit demander au Ministre s'il étoit assez justifié pour se montrer sans crainte. Ecoutez, me dit-il, je l'aime & je suis fort éloigné de le chagriner mal à propos ; mais comme sa fuite a fait naître de fâcheuses pré-

B ij

ventions au Conseil, je souhaite qu'il ne reparoisse point sans avoir fait répandre quelque bruit qui explique le mystére de son absence. Et puisqu'il a pris le parti de se retirer chez vous, gardez-le, ajoûta-t-il, jusqu'à ce que je vous fasse avertir. La confiance du Visir me parut une nouvelle faveur dont je le remerciai ; mais ignorant en effet que le Sélictar fût chez moi, je me crus intéressé à lui faire perdre l'opinion où il étoit, & je lui protestai si naturellement que ne faisant que d'arriver d'Oru, où j'avois passé la nuit précédente & tout le jour, j'étois sûr qu'on n'y avoit pas vû le Sélictar, qu'il aima mieux croire que ses Espions l'avoient trompé, que de douter un moment de ma bonne foi.

Mon voyage se trouvant fort abrégé par un si malheureux dénoument j'eus une joie sensible de pouvoir regagner Oru avant la fin de la nuit, & je comptai d'y être assez tôt pour surprendre le Sélictar dans mon Jardin. Je roulois déja les moyens de ne le pas manquer. Mais étant retourné à ma Maison de Constantinople, j'y trouvai mon valet de chambre qui m'attendoit avec la derniére impatience, & qui me pria de l'écouter aussitôt à l'écart. J'arrive, me dit-il, avec des nouvelles qui vous causeront autant d'étonnement que de chagrin. Synese est mourant d'une blessure qu'il a reçue du Sélictar. Théophé est réduite au même état par la frayeur. Bema est une misérable, que je crois la source de tout le trouble, & que j'ai fait renfermer par précaution jusqu'à votre arrivée. Je crois votre présence nécessaire à Oru, continua-t-il, ne fut-ce que pour prévenir le dessein du Sélictar, qui ne peut être éloigné de votre Maison, & qui est capable d'y revenir avec assez de forces pour s'y rendre le Maître. Les regrêts qu'il a marqués de sa violence me paroissent fort suspects. Seul comme il étoit, je l'aurois fait arrêter lui-même, si je n'avois appréhendé de vous déplaire. Cependant, ajouta mon Valet, le soin que j'ai eu de mettre le reste de vos gens en état de défense, doit vous rendre tranquille contre ſes entrepriſes.

Un ordre ſi imprévu ne me permettant guéres de l'être, je partis ſur le champ, avec la précaution de me faire accompagner de quatre Domeſtiques bien armés. Le trouble où je trouvai encore ceux d'Oru me rendit témoignage qu'on ne m'avoit rien exagéré. Ils faiſoient la garde à ma Porte, avec une douzaine de fuſils qui me ſervoient à la chaſſe. Je leur demandai des nouvelles de Théophé & de Syneſe, dont je ne comprenois point encore l'avanture. Ils ignoroient comme moi qu'il n'eût pas quitté ma Maiſon, & perſonne ne ſçachant comment le Séliétar s'y étoit introduit, cette Scéne devenoit plaiſante par les précautions qu'ils prenoient pour l'empêcher d'y rentrer pendant qu'il n'en étoit pas ſorti. Cependant m'en étant fait expliquer plus ſoigneuſement les circonſtances, j'appris d'eux tout ce qu'ils en avoient pu découvrir. Les cris de Syneſe les avoient attirés dans l'appartement de Théophé, où ils avoient trouvé ce jeune homme aux priſes avec le Séliétar, & déja bleſsé d'un coup de poignard qui mettoit sa vie en danger. Bema sembloit prendre parti contre lui, & pressoit le Séliftar de le punir. Ils les avoient séparés. Le Séliftar s'étoit dérobé avec beaucoup d'adresse, & Syncse étoit demeuré baigné dans son sang, tandis que Théophé tremblante & presqu'évanouie conjuroit mes Domestiques de ne pas perdre un moment pour me faire avertir.

Ce soin qu'elle avoit eu de penser à moi me toucha jusqu'à me faire passer aussi-tôt dans son apppartement. Je fus encore plus rassuré par les marques de joie qu'elle fit éclater en me voyant paroître. Je m'approchai de son lit. Elle saisit ma main, qu'elle serra dans les siennes. Ciel! me dit-elle, avec le mouvement d'un cœur qui paroissoit soulagé, de quelles horreurs ai-je été témoin pendant votre absence! Vous m'auriez trouvéé morte d'effroi, si vous aviez tardé plus long-tems. Le ton dont ces quatres mots furent prononcés me parut si naturel & si tendre, que sentant évanouir non-seulement tous mes soupçons, mais jusqu'à l'attention que je devois aux circonstances, je fus tenté de me livrer à la premiére douceur qui eut encore flaté ma tendresse. Cependant je renfermai toute ma joie dans mon cœur, & me contentant de baiser les mains de Théophé, apprenenez-moi donc, lui dis-je avec un transport dont je ne pûs empêcher qu'il ne se communiquât quelque chose à mes expressions, ce que je dois penser des horreurs dont vous vous plaignez. Apprenez-moi comment vous pouvez vous en plaindre, lorsqu'elles se sont passées dans votre chambre. Que faisoit ici le Séliêtar ? Qu'y faisoit Synese ? Tous mes gens l'ignorent. Serez - vous sincére à me faire ce récit.

Voila les craintes, me dit-elle, qui m'ont le plus effrayée. J'ai prévu que ne trouvant que de l'obscurité dans ce que vous apprendriez ici, vous auriez peine à m'exempter de quelques soupçons ; mais j'atteste le Ciel que je ne vois pas plus clair que vous dans ce qui vient d'arriver. A peine étiez-vous parti, continua-t-elle, que n'ayant pensé qu'à me retirer, Bema m'est venu tenir de longs discours ausquels j'ai prêté peu d'attention. Elle m'a raillée du goût que j'ai pour la lecture & pour les autres exercices qui font mon occupation. Elle m'a parlé de tendresse, & de la douceur qu'on trouve à mon âge dans les plaisirs de l'amour. Cent Histoires de Galanterie qu'elle m'a racontées, m'ont paru comme autant de reproches qu'elle me faisoit de ne pas suivre de si agréables exemples. Elle a sondé mes sentimens par diverses questions ; & cet empressement, que je ne lui avois jamais vu, commençant à me devenir importun, j'ai d'autant plus souffert de la nécessité où j'étois de l'écouter, qu'elle m'avoit fait entendre que vous lui aviez donné quelqu'empire sur moi, & qu'elle ne prétendoit l'employer qu'à me rendre heureuse. Enfin m'ayant quittée, après m'avoir mise au lit, il s'étoit passé à peine un instant lorsque j'ai entendu doucement ouvrir ma porte.... J'ai reconnu Synese à la lumiére de ma Bougie. Sa vue m'a causé plus de surprise que de frayeur ; cependant tout ce que vous m'avez raconté étant revenu à ma mémoire, j'aurois témoigné de l'inquiétude, s'il ne m'étoit tombé dans l'esprit pour expliquer sa visite, que vous aviez pû lui pardonner en arrivant à Constantinople, & que vous me l'aviez peut-être renvoyé avec quelques ordres dont vous l'aviez chargé pour moi. J'ai souffert qu'il se soit approché. Il m'a commencé un discours qui ne contenoit que des plaintes de son sort, & que j'ai interrompu, lorsqu'il m'a paru certain qu'il n'étoit point ici de votre part. Entre mille témoignages de douleur il s'est jetté à genoux devant mon lit avec beaucoup d'agitation. C'est dans ce moment que Bema est entrée avec le Sélictar; ne me demandez plus ce que l'augmentation de mon trouble ne m'a pas permis de remarquer distinctement. J'ai entendu les cris de Bema, qui reprochoit sa témérité à Synese, & qui excitoit le Sélictar à l'en punir. Ils avoient tous deux des armes. Synese menacé s'est mis en état de se défendre. Mais ayant été blessé par le Sélictar, il l'a saisi au corps, & je voyois les deux

Poignards briller en l'air dans les efforts qu'ils faisoient tous deux pour se porter des coups & pour les repousser. Le bruit de leur combat, plutôt que mes cris, car ma frayeur les rendoit trop foibles pour se faire entendre, a fait venir vos Domestiques ; & tout ce que j'en ai pu recueillir depuis ce moment, est qu'on étoit parti à ma priére pour aller presser votre retour.

Son innocence étoit si claire dans ce recit, que regretant de l'avoir soupçonnée, je m'efforçai au contraire de la délivrer d'un reste de frayeur, qui paroissoit encore dans ses yeux. Et peut-être qu'au milieu de mes vives protestations d'attachement, dont je crus remarquer qu'elle s'attendrissoit, j'aurois emporté insensiblement ce que j'avois renoncé à lui demander, si mes propres résolutions ne m'eussent soutenu contre l'émotion de mes sens. Mais mon système étoit formé ; & je crois que dans les sentimens auxquels j'étois revenu pour elle, j'aurois été fâché de lui trouver une facilité qui auroit diminué quelque chose de mon estime.

Cependant ne laissant rien échapper de ce qui étoit capable de flater mon cœur, je tirai assez de satisfaction de cette rencontre pour regarder les obscurités qui me restoient encore à pénétrer comme des événemens qui commençoient à me toucher moins, & que j'allois examiner avec un esprit plus libre. Souvenez-vous, dis-je à Théophé, pour lui faire connoître une partie de mes espérances, que vous m'avez laissé entrevoir aujourd'hui ce que je me flate de découvrir quelque jour plus parfaitement. Elle parut incertaine du sens de ce discours. Je m'explique assez, repris-je; & je me persuadai en effet, en la quittant, qu'elle avoit feint de ne pas m'entendre. Je me fis amener aussi-tôt Bema. Cette artificieuse Esclave espéra pendant quelques momens de me tromper par des impostures. Elle entreprit de me persuader que c'étoit le hazard qui avoit amené chez moi le Sélictar à l'entrée de la nuit, & que s'étant apperçue au moment qu'elle l'avoit rencontré, que Synese étoit dans l'appartement de Théophé, son zéle pour l'honneur de ma Maison l'avoit portée à prier ce Seigneur de punir l'insulte que je recevois de ce jeune téméraire. L'ayant vu disparoître avant qu'elle eût été arrêtée, elle se flatoit encore que si elle n'avoit pas quitté tout à fait ma Maison il auroit regagné secretement son azyle, & que dans l'une ou l'autre supposition elle auroit le tems de le prévenir sur ce qu'elle inventoit pour sa défense. Mais je n'avois pas été si long-tems en Turquie sans sçavoir les droits qu'un Maître a sur ses Esclaves, & ne voyant aucune apparence que le Sélictar se fût retiré furtivement s'il étoit venu dans ma Maison avec des vues innocentes, je résolus d'employer les voies les plus rigoureuses pour éclaircir la vérité. Les raisons que mon Valet de chambre avoit eues d'arrêter Bema, devoient faire sur moi autant d'impression du moins que sur lui. En un mot je parlai de supplices à mon Esclave, & le ton qu'elle me vit prendre lui faisant croire cette menace sérieuse, elle me confessa en tremblant le fond de son intrigue.

Lorsque j'eus achevé de m'assurer que le Séliçtar n'avoit vu Théophé que dans les circonstances de cette nuit, je trouvai dans son avanture plus de sujet de le railler de sa mauvaise fortune que de m'offenser du séjour qu'il avoit fait dans ma Maison. Bema dissipa même jusqu'aux moindres traces de mon ressentiment en m'apprenant les principales raisons qui l'avoient porté à m'en faire un mystére. Mais ce qui rendoit mon ami plus excusable ne suffisant pas pour la justifier, je me réservai à examiner le châtiment qu'elle méritoit pour avoir trahi ma confiance; & ce fut alors qu'elle prit le Prophéte à témoin, que je n'aurois jamais eu de reproche à lui faire si je ne m'étois reposé sur elle à demi. Cette franchise diminua beaucoup ma colére. Il restoit à sçavoir d'elle ce que le Séliçtar pouvoit être devenu. Elle ne balança point à me répondre qu'elle le croyoit retourné dans sa chambre; & pour m'en éclaircir, elle me dit qu'il suffisoit de voir si la porte étoit fermée. Ne pouvant douter qu'il n'y fût à cette marque, la seule vengeance que je pensai à tirer de lui, fut de l'y laisser jusqu'à ce que la faim le pressât d'en sortir, & de mettre mon Valet de chambre en garde à la Porte, pour le recevoir au moment qu'il seroit forcé de se montrer. Bema, que je laissai dans sa Prison, ne pouvoit troubler la satisfaction que je me promis de cette Scéne.

A l'égard de Synese, elle n'avoit eu aucun éclaircissement à me donner, puisque personne n'avoit été plus trompé qu'elle en le surprenant dans l'appartement de Théophé. Mais il me causoit si peu d'inquiétude, qu'apprenant que sa blessure étoit effectivement très-dangereuse, j'ordonnai qu'on en prît soin, & je remis à le voir, lorsqu'il commenceroit à se rétablir. Qu'il ne fût point sorti de chez moi, ou qu'il y fût revenu après son départ, c'étoit l'infidélité d'un de mes gens, qui n'étoit point assez importante pour m'en faire hâter beaucoup la punition. Et dès que je me croyois sûr de la sagesse de Théophé, il m'étoit si indifférent qu'elle fût aimée de ce jeune Grec, que je prévis au contraire qu'elle en pourroit tirer quelqu'avantage du côté de son pere. Cette réfléxion ne s'étoit pas présentée d'abord à moi ; mais en y pensant, depuis le dernier entretien que j'avois eu avec lui, j'avois conçu que si sa passion se soutenoit dans la même ardeur, elle me donneroit occasion de mettre son pere à de nouvelles épreuves en feignant de vouloir le marier avec Théophé. Si le Seigneur Condoidi n'avoit pas perdu tout sentiment d'honneur & de religion avec ceux de la nature, il me paroissoit impossible qu'il ne s'opposât point à ce mariage incestueux ; & dans un Pays ou les droits des Peres ont fort peu d'étendue, je pouvois le réduire à cette seule objection pour l'empêcher.

Ainsi des incidens qui m'avoient causé tant de vives allarmes n'eurent point de suites plus fâcheuses que la blessure de Synese & le châtiment de quelques Domestiques. Je me défis de Bema, quelques jours après, avec cette circonstance humiliante
pour

pour elle, que je ne la fis vendre que la moitié de ce qu'elle m'avoit coûté. C'est une sorte de punition qui ne convient qu'aux personnes riches, qui ont en même tems assez de bonté pour ne pas traiter avec trop de rigueur une Esclave coupable ; mais pour peu que ces Misérables ayent de sentiment, ils en sont d'autant plus touchés, qu'en perdant un certain prix qu'ils ont à leurs propres yeux, ils se croyent rabaissés, si l'on peut dire que cela soit possible, au-dessous même de leur triste condition. J'ai sçu néanmoins que s'étant recommandée ensuite au Sélictar, Bema avoit obtenu de la reconnoissance de ce Seigneur qu'il l'achetât pour son Sérail.

Pour lui, je n'eus pas le plaisir que j'avois esperé de le voir céder à la soif ou à la faim. Dès la même nuit, comprenant par le long délai de sa confidente qu'elle étoit retenüe malgré elle, & qu'il alloit se trouver dans un cruel embarras sans son secours, il prit le parti de ne pas attendre le jour pour sortir de sa retraite, & connoissant ma maison, il

II. Partie. C

se flatta de s'échapper facilement à la faveur des ténébres. Il tomba dans les bras de mon Valet de chambre, qui occupoit déja son poste. J'exposois ce fidéle garçon à périr peut-être d'un coup de poignard; mais s'en étant défié lui-même, il eut soin de prendre un ton assez doux pour faire entendre tout d'un coup au Sélictar qu'il n'avoit à craindre aucune violence, & que je ne lui préparois que des caresses & des services. Il se laissa conduire avec quelques marques de défiance. J'étois au lit. Je me levai avec empressement, & feignant beaucoup de surprise, quoi? c'est le Sélictar, m'écriai-je; eh! par quel hazard...
Il m'interrompit d'un air confus. Epargnez-moi, me dit-il, des railleries que je mérite. Vos reproches mêmes seront justes si vous ne les faites tomber que sur la visite nocturne que j'ai voulu rendre à Théophé; mais dans l'usage que j'ai fait de mon poignard, je n'ai pensé qu'à vous servir, quoique le soin avec lequel vos gens ont arraché de mes mains le jeune homme que j'ai bles-

sé, me fasse juger que mon zéle s'est mépris; & dans la liberté que j'ai prise de me retirer chez vous sans votre participation, vous ne devez voir que l'embarras d'un ami, qui en regardant votre maison comme un azyle, n'a pas voulu vous exposer au mécontentement de la Porte. Je l'interrompis à mon tour, pour l'assurer que je lui épargnois jusqu'aux justifications, & qu'à l'égard de Théophé même, je ne trouvois à condamner dans sa conduite que ce qui devoit le blesser lui-même, c'est-à-dire, un procédé qui ne sembloit pas s'accorder avec la délicatesse qu'il avoit marquée jusqu'alors dans ses sentimens. Il passa condamnation sur ce reproche. L'occasion, me dit-il, a eu plus de force que ma vertu. Tout le reste de cet entretien fut tourné en badinage. Je l'assurai que le plus fâcheux effet de son avanture seroit d'être logé plus commodément & traité avec plus de soin que dans la chambre de Bema, sans en être plus exposé aux périls qui lui avoient fait prendre le parti de se cacher. Et lui racontant ce que j'avois appris du Grand Vifir, je lui caufai autant de fatisfaction pour lui-même que de compaffion pour le fort de l'Aga des Janiffaires & des deux Bachas. Cependant, il me protefta qu'il les plaignoit moins s'ils étoient coupables, & que loin d'être entré dans leur complot, il auroit été capable de rompre abfolument avec eux, s'il les en eût foupçonnés. Il fembloit difpofé à partir fur le champ, & il me parla de faire avertir deux Efclaves qu'il avoit chargés d'attendre fes ordres dans le Village voifin. Mais je lui expliquai les précautions avec lefquelles le Grand Vifir fouhaitoit qu'il fe rapprochât de Conftantinople. Entre plufieurs partis qu'il pouvoit embraffer, il fe détermina par mon confeil à fe rendre le lendemain à fa maifon de Campagne, comme s'il fût revenu de vifiter les Magazins & les Arfénaux de la Mer noire. Je ne refufai pas même de l'accompagner, & pour lui faire connoître, non-feulement que je ne confervois aucun reffentiment de ce qui s'étoit paffé, mais que j'avois toujours de son caractére la même opinion qui m'avoit fait rechercher son amitié, je lui proposai de mettre Théophé de notre promenade.

A peine osoit-il se persuader que cette offre fût sincére; mais j'étois de si bonne foi, qu'ayant passé avec lui le reste de la nuit, je le conduisis moi-même à l'appartement de Théophé pour lui faire agréer notre proposition. L'impression qui me restoit du dernier entretien que j'avois eu avec elle me rendoit comme supérieur à toutes les foiblesses de la jalousie, & j'avois si bien connu que le Séliĉtar ne parviendroit jamais à toucher son cœur, que je me faisois une espéce de triomphe des efforts qu'il alloit renouveller inutilement pour l'attendrir. D'ailleurs, quelques succès qui pût être réservé à mes sentimens, je voulois qu'il n'eut jamais à me reprocher d'avoir mis le moindre obstacle aux siens. Je lui devois cette complaisance après avoir contribué peut-être à les faire naître par la facilité que j'avois eue d'abord à les approuver; & s'il arrivoit que Théophé prît jamais ceux que je lui souhaitois pour moi, j'étois bien aise que mon ami perdit tout à fait l'espérance avant que de s'appercevoir que j'étois plus heureux que lui.

Si Théophé marqua quelqu'étonnement de notre projet, elle n'y fit point d'objection lorsqu'elle fut assurée que je devois être sans cesse avec elle, & qu'il n'étoit question que de m'accompagner. Je lui donnai une suite qui pût la faire paroître avec distinction chez le Sélictar. Il m'avoit parlé de sa maison comme du centre de sa puissance & de ses plaisirs ; c'est-à-dire, qu'avec tous les ornemens qui sont au goût des Turcs, il y avoit un Sérail & une prodigieuse quantité d'Esclaves. Je l'avois entendu vanter d'ailleurs comme le plus beau lieu qui fût aux environs de Constantinople. Il étoit à huit mille de ma Maison. Nous n'y arrivâmes que le soir, & je fus privé ce jour-là du plaisir de la Perspective, à laquelle il n'y a peut être rien de comparable dans aucun autre lieu du monde. Mais le Sélictar nous prodiguant auſſi-tôt tout ce qu'il avoit recueilli de richeſſes & d'élégances dans l'intérieur des Edifices, je fus obligé de convenir dès le premier moment que je n'avois rien vû en France ni en Italie qui ſurpaſſât un ſi beau ſpectacle. Je n'en promets point une deſcription. Ces détails ont toujours de la langueur dans un Livre; mais ſi je craignis un moment que je n'euſſe bientôt quelque ſujet de me repentir d'avoir engagé Théophé à ce voyage, ce fut lorſque le Sélictar, après lui avoir fait admirer tant de magnificence, lui en offrit l'empire abſolu, avec toutes les explications qu'il lui avoit déja propoſées. J'eus peine à cacher la rougeur qui ſe répandit malgré moi ſur mon viſage. Je jettai les yeux ſur Théophé, & j'attendis ſa réponſe avec un trouble dont elle m'a confeſſé depuis qu'elle s'étoit apperçue. En proteſtant au Sélictar qu'elle ſentoit le prix de ſes offres, & qu'elle en avoit toute la reconnoiſſance qu'il avoit droit d'attendre, elle lui parla de ſes ſentimens comme du plus bizarre assemblage du monde, & le moins propre à lui faire trouver du goût dans les avantages qui flattent ordinairement la vanité des femmes. Quoique le ton dont elle accompagna sa réponse parût fort enjoué, elle nous dit des choses si justes & si sensées sur la sagesse & le bonheur, que j'admirai moi-même un discours auquel je m'attendois si peu & que je me demandai avec étonnement dans quelle source elle les avoit puisées. La conclusion qu'elle en tira fut que tout le reste de sa vie étoit destiné à la pratique des principes dont elle se confessoit redevable à mes instructions, & pour lesquels elle croyoit me devoir beaucoup plus de reconnoissance que pour sa liberté. L'embarras dont je n'avois pu me défendre passoit pendant ce tems là sur le visage du Sélictar. Il se plaignit amèrement de son sort; & s'adressant à moi, il me conjura de lui communiquer une partie de ce pouvoir que Théophé attribuoit à mes discours. Je lui répondis, en badinant, que le désir qu'il me marquoit ne s'accordoit

cordoit point avec ſes propres vûes, puiſqu'en ſuppoſant ce qu'il paroiſſoit déſirer, il ſerviroit lui-même à confirmer Théophé dans ſes principes. Au fond, mon cœur nageoit dans la joie, & ne me déguiſant plus mon bonheur, je le crus mieux établi par cette déclaration que par toutes les raiſons que j'avois déja d'y prendre quelque confiance. Je dérobai un moment pour féliciter Théophé de la nobleſſe de ſes ſentimens, & je pris encore la réponſe qu'elle me fit pour une nouvelle confirmation de mes eſpérances.

Le Sélictar, auſſi affligé que je me croyois heureux, ne laiſſoit pas de nous offrir avec le même ſoin tout ce qui pouvoit faire honneur à ſa politeſſe & à la beauté de ſa maiſon. Il nous ouvrit dès le même ſoir l'entrée de ſon Sérail, & ſon deſſein étoit peut-être encore de tenter Théophé par la vûe d'un lieu charmant où elle pouvoit régner. Mais ſi elle y fut frappée de quelque choſe, ce ne fut ni des richeſſes ni des agrémens qui s'y préſentoient de toutes parts. Le ſouvenir de l'état

II. Partie. D

d'où elle étoit fortie fe renouvella fi vivement dans fa mémoire que je la vis tomber dans une mélancolie profonde, qui ne la quitta point pendant plufieurs jours. Dès le lendemain, elle profita de la liberté que le Séliƈtar nous accorda d'y retourner auffi fouvent que nous le fouhaiterions fans lui, pour y aller paffer une partie du jour, & fon occupation y fut de lier des entretiens avec les femmes dont la phifionomie l'avoit le plus touchée. Le goût qu'elle y avoit paru prendre dans une fi longue vifite charma le Séliƈtar, tandis que j'en reffentois peut-être quelqu'allarme. Mais la difcrétion m'ayant empêché de la fuivre, j'obfervai le moment qu'elle en fortit, pour la rejoindre. L'air de triftefſe qu'elle en rapportoit me fit fupprimer mes reproches. Je lui demandai au contraire ce qui avoit mis ce changement dans fon humeur. Elle me propofa de faire un tour de promenade au Jardin, fans avoir répondu à cette queftion. Le filence qu'elle continua de garder commençoit à me furprendre, lorfqu'elle 'annonça enfin sa réponse par un profond soupir. Quelle variété dans les événemens de la vie, me dit-elle avec le tour moral qu'elle donnoit naturellement à toutes ses réfléxions! Quel enchaînement de choses qui ne se ressemblent point, & qui ne paroissent pas faites pour se suivre! Je viens de faire une découverte dont vous me voyez pénétrée & qui m'a fait naître des idées que je veux vous communiquer. Mais il faut que je vous attendrisse auparavant par mon récit.

Un intérêt sensible, continua-t-elle, que je n'ai pu m'empêcher de prendre au sort de tant de malheureuses, & que vous trouverez pardonnable après mes propres infortunes, m'a fait interroger quelques Esclaves du Sélictar sur les avantures qui les ont conduites au Sérail. La plûpart sont des filles de Circassie ou des Pays voisins, qui ont été élevées pour leur condition, & qui ne sentent point l'humiliation de leur sort. Mais celle que je quitte à ce moment est une Etrangére, dont la douceur & la modestie m'ont encore plus frappée que l'éclat de fa figure; Je l'ai prife à l'écart. J'ai loué fa beauté & fa jeuneffe. Elle a reçu triftement mes flateries, & rien ne m'a paru fi furprenant que fa réponfe: Hélas! m'a-t-elle dit, loin de relever ces miférables avantages, fi vous êtes capable de quelque pitié regardez-les comme un funefte préfent du Ciel, qui me fait détefter à tous momens la vie. Je lui ai promis plus que de la pitié, & lui apprenant que je pouvois devenir utile à fa confolation, je l'ai preffée de m'expliquer la caufe d'un fi étrange défefpoir. Elle m'a raconté après avoir répandu quelques larmes, qu'elle eft née en Sicile, d'un pere dont la fuperftition lui a coûté la liberté & l'honneur. Il étoit fils d'une mere extrêmement diffamée par fon libertinage, & la même Etoile lui avoit fait époufer une femme qui après l'avoir trompé long-tems par des apparences de vertu s'étoit deshonorée à la fin par une diffolution ouverte. En ayant une fille, qui étoit l'Efclave du Séliƈtar, il avoit promis au Ciel de la former à la fageffe par une éducation si sévére qu'elle pût réparer l'honneur de sa famille. Il l'avoit fait renfermer dès ses premiéres années dans un Château qu'il avoit à la Campagne, sous la conduite de deux femmes vieilles & vertueuses, ausquelles il avoit recommandé, en leur communiquant ses intentions, de ne pas faire connoître à sa fille qu'elle fut distinguée par quelques avantages naturels, & de ne lui jamais parler de la beauté des femmes comme d'un bien qui méritât de l'attention. Avec ce soin & celui de l'élever dans la pratique continuelle de toutes les vertus, elles lui avoient fait mener jusqu'à l'âge de dix-sept ans une vie si innocente, qu'il ne lui étoit jamais rien entré dans l'esprit & dans le cœur de contraire aux vûes de son pere. Elle s'étoit assez apperçue, dans le peu d'occasions qu'elle avoit eues de paroître avec ses deux Gouvernantes, que les regards de quelques personnes qu'elle avoit vûes, s'étoient fixés sur elle, & qu'on marquoit quelque sentiment extraordinaire en la voyant. Mais n'ayant jamais fait usage d'un miroir, & l'attention continuelle des deux vieilles étant d'éloigner tout ce qui pouvoit lui faire tourner ses réfléxions sur elle-même, il ne lui étoit jamais venu le moindre soupçon de sa figure. Elle vivoit dans cette simplicité, lorsque ses Gouvernantes ayant fait introduire un de ces Marchands qui parcourent les Campagnes avec leur charge de Bijoux, le seul hazard lui avoit fait prendre une petite Boëte qui servoit à renfermer un Miroir. Son innocence avoit été jusqu'à s'imaginer que sa figure, qu'elle y avoit vûe représentée, étoit un Portrait attaché à la boëte, & n'ayant pu le considérer sans quelque plaisir, elle avoit donné le tems aux deux Vieilles de s'en appercevoir. Le cri qu'elles avoient jetté, & les reproches qu'elles s'étoient empressées de lui faire auroient suffi pour effacer cette idée, si le Marchand qui avoit compris la cause de leurs plaintes, n'eût pris un moment pour s'approcher de la jeune Scilienne, & ne lui eût donné secrétement un de ses Miroirs, en lui apprenant le tort qu'on lui faisoit de l'en priver. Elle l'avoit reçu par un mouvement de timidité, plutôt que par le désir d'en faire un usage qu'elle ignoroit encore ; mais à peine s'étoit-elle trouvée seule, qu'elle n'avoit eu besoin que d'un moment pour l'apprendre. Quand elle n'auroit pas été capable de sentir par elle-même ce que la nature lui avoit accordé, la comparaison des deux Vieilles qu'elle avoit sans cesse devant les yeux auroit suffi pour lui faire appercevoir combien la différence étoit à son avantage. Bientôt elle avoit trouvé tant de douceur à se considérer sans cesse, à ranger ses cheveux, & à mettre plus d'ordre dans sa parure, que sans sçavoir à quoi ces agrémens la rendoient propre, elle avoit commencé à juger que ce qui lui causoit tant de plaisir devoit infailliblement en causer aux autres.

Pendant ce tems là, le Marchand qui avoit été fort réjoui de son avanture prenoit plaisir à la raconter dans tous les lieux où il passoit. La description qu'il y joignoit des charmes de la jeune Sicilienne exci-

D iiij

ta la curiosité & les désirs d'un Chevalier de Malte qui venoit de prendre les derniers engagemens dans son ordre avec peu de disposition à les observer. S'étant rendu dans le voisinage du Château, il trouva le moien de remettre secretement à cette jeune personne, un Miroir, qui dans une Boete plus grande que celle du Marchand contenoit vis à vis la glace le Portrait d'un homme fort aimable, avec une Lettre tendre & propre à l'instruire de tout ce qu'on avoit pris soin de lui cacher. Le Portrait, qui étoit celui du Chevalier, produisit l'effet pour lequel il étoit envoyé, & les instructions de la Lettre devinrent si utiles qu'on s'en servit fort heureusement pour lever beaucoup d'obstacles. La jeune personne, à qui ses Gouvernantes n'avoient jamais parlé des hommes que comme des instrumens dont il a plu au Ciel de se servir pour rendre les femmes propres à la propagation du genre humain, & qui l'avoient accoutumée d'avance à respecter la sainteté du mariage, se garda bien de prêter l'oreille aux tendresses du Chevalier, sans lui avoir demandé s'il pensoit à devenir son Mari. Il n'épargna point les promesses, lorsqu'il eût pénétré à quoi elles pouvoient lui servir, & faisant valoir quelques raisons d'intérêt pour tenir ses engagemens cachés, il parvint en peu de jours à tromper l'attente du pere & la vigilance des deux Gouvernantes. Ce commerce dura long-tems sans aucun trouble. Mais quelques remords, joints à la crainte de l'avenir, rendirent la Sicilienne plus pressante sur l'exécution des promesses qu'elle avoit exigées. Il devint impossible au Chevalier de déguiser plus longtems qu'il étoit engagé dans un Etat qui lui interdisoit le mariage. Les larmes & les plaintes firent leur rolle pendant quelques jours. Cependant on s'aimoit de bonne foi. Le plus terrible de tous les maux auroit été de se quitter. On fit céder tous les autres à cette crainte, & pour prévenir des suites fâcheuses qui ne pouvoient être éloignées, on prit la résolution d'abandonner la Sicile & de se retirer dans quel-

quelque Pays de la dépendance des Turcs. Les deux Amans n'avoient rien à se reprocher, car étant nés tous deux pour une haute fortune, ils faisoient le même sacrifice à l'amour.

L'intention où ils étoient de se retirer volontairement chez les Turcs les auroit garantis de l'esclavage, s'ils eussent pu la prouver. Mais s'étant embarqués sur un Vaisseau Vénitien, dans le dessein de descendre en Dalmatie, d'où ils se flattoient de pénétrer facilement plus loin, ils eurent le malheur d'être pris à l'entrée du Golphe par quelques Vaisseaux Turcs qui cherchoient à chagriner l'Etat de Venise. L'explication de leur projet passa pour un artifice. Ils furent vendus séparément dans un Port de la Morée, d'où la malheureuse Sicilienne fut conduite à Constantinople. Si c'étoit le comble de l'infortune que de se voir enlever son Amant, quel nom devoit-elle donner à la situation où elle passa bientôt ! Ses larmes continuelles l'ayant un peu défigurée, les Marchands de Constantinople ne distinguerent pas tout d'un coup ce qu'ils avoient à espérer de sa beauté. Une vieille femme, dont le discernement étoit plus sûr, employa une partie de son bien pour l'acheter, & se promit de le doubler en la revendant. Mais c'étoit ce qui pouvoit arriver de plus funeste à la Sicilienne. Dans les principes de modestie & de pudeur où elle avoit été élevée, les soins que cette odieuse Maîtresse prit d'elle, pour augmenter ses charmes & pour la rendre propre au goût des Turcs, furent pour elle autant de supplices qui lui auroient fait trouver la mort moins cruelle. Enfin, elle avoit été vendue pour une grosse somme au Séliçtar, qui lui avoit marqué d'abord beaucoup d'affection, mais qui l'avoit négligée après avoir rassasié ses désirs, par le dégoût qu'une profonde tristesse & des larmes continuelles n'avoient pu manquer de lui inspirer.

Les avantures de cette triste Etrangére n'avoient causé que de la surprise à Théophé. Ce qui la pénétroit de compassion étoit de la voir dans un fort dont elle fentoit l'infamie, & de lui avoir découvert tant de honte & de douleur, qu'elle n'avoit pu diftinguer ce qui l'affligeoit le plus de la perte de fon honneur ou de celle de fon Amant. J'étois fi accoutumé à ces fortes d'événemens par les récits que j'entendois tous les jours, que je n'avois pas écouté le fien avec toutes les marques de pitié aufquelles elle s'étoit attendue. Vous ne paroiffez pas fenfible, me dit-elle, à ce que j'ai cru capable de vous toucher autant que moi. Vous ne trouvez donc pas que cette fille mérite l'intérêt que je prens à fon malheur ? Je la trouve à plaindre, répondis-je, mais beaucoup moins que fi elle ne s'étoit point attiré fes infortunes par une faute volontaire. Et c'eft la différence, ajoûtai-je, qu'il faut mettre entre les vôtres & les fiennes. Peut-être êtes-vous l'unique exemple d'un malheur innocent dans le même genre, & la feule perfonne de votre fexe, qui après avoir été entraînée dans le précipice fans le connoître, ait changé d'inclination, au nom &

à la premiére idée de la vertu. Et c'est ce qui vous rend si admirable à mes yeux, continuai-je avec transport, que je vous crois supérieure à toutes les femmes du monde. Théophé branla la tête, en souriant avec beaucoup de douceur ; & sans faire de réponse à ce qui la regardoit, elle insista sur les sentimens de la Sicilienne, qu'elle trouvoit digne que nous entreprissions quelque chose pour sa liberté. Il suffit que vous le désiriez, lui dis-je, pour m'en faire une loi, & je ne veux pas même que vous ayiez cette obligation au Sélictar. Il venoit nous joindre lorsque je m'engageois à lui en parler dès le même jour. Je ne remis pas plus loin ma priére. Et le tirant à l'écart, comme si j'en eusse voulu faire un mystére à Théophé, je lui demandai naturellement s'il étoit assez attaché à la Sicilienne pour trouver quelque peine à m'en faire le sacrifice. Elle est à vous dès ce moment, me dit-il ; & lorsque je lui parlai de prix, il rejetta mes instances comme autant d'injures. Je jugeai même à sa joie, qu'outre la satisfaction de m'obliger, il se flattoit que ce seroit pour moi un nouvel engagement à le servir près de Théophé; sans compter que mon exemple pouvoit avoir quelque force pour la faire penser au plaisir. Mais en m'accordant la liberté d'ouvrir la porte du Sérail à son Esclave, il m'apprit une circonstance qu'elle avoit cachée à Théophé. Je l'ai crue d'abord, me dit-il, uniquement affligée de la perte de sa liberté, & je n'ai pas ménagé mes soins pour lui faire trouver de la consolation dans son sort; mais le hazard m'a fait découvrir qu'elle est passionnée pour un jeune Esclave de sa Nation, qui a eu l'adresse de faire pénétrer une lettre dans mon Sérail, & que j'ai négligé de punir par considération pour son Maître, qui est de mes amis. J'ignore l'origine de cette liaison, & je me suis borné à faire redoubler la diligence de mes gens, pour garantir ma maison de ce désordre. Mais j'en ai pris occasion de me refroidir pour ma Sicilienne, à qui j'avois reconnu d'ailleurs bien des charmes. Cet avis, que le Sélictar crut devoir à l'amitié, auroit été une précaution fort juste, si j'eusse été rempli des sentimens qu'il m'attribuoit. Mais n'y prenant point d'autre intérêt que celui de plaire à Théophé, je m'imaginai au contraire avec joie que le jeune Esclave dont le Sélictar se plaignoit ne pouvoit être que le Chevalier Sicilien, & je prévis que je me trouverois bientôt obligé de le délivrer aussi-tôt de ses chaînes. J'attendis néanmoins que je fusse seul avec Théophé, pour lui apprendre que la Sicilienne étoit à nous. Elle fut si charmée de m'entendre ajoûter que je croyois le Chevalier peu éloigné, & que je me proposois de le rendre à son Amante, qu'elle m'en remercia pour eux avec une ardeur extraordinaire. Comme je rapportois tout à mes vûes, je ne doutai point que cette tendre part qu'elle prenoit au bonheur de deux Amans ne fût encore une marque que son cœur étoit devenu sensible, & j'en tirai pour moi des augures que je crus mieux fondés que ceux du Sélictar.

La Sicilienne se nommoit *Maria Rezati*, & le nom qu'elle avoit pris ou qu'on lui avoit donné dans l'esclavage, étoit *Molene*. Je ne jugeai point à propos qu'elle fût informée de ce que j'avois fait pour elle avant le jour de notre départ. Je conseillai seulement à Théophé de lui annoncer en général un bonheur qu'elle n'espéroit pas. Les nouvelles que le Sélictar reçut de Constantinople ayant achevé de le rassurer, je me trouvai rappellé à la Ville par mes propres affaires, & je proposai à Théophé de retourner à Oru. Mais outre le chagrin que j'eus de ne pouvoir ôter au Sélictar l'envie de nous accompagner à notre retour, J'eus à soutenir une scéne embarrassante en quittant avec lui sa maison. Le Chevalier Sicilien, qui étoit Esclave en effet dans le voisinage, avoit assez de liberté pour dérober pendant le jour aux exercices de sa condition quelques heures qu'il employoit à observer les Murs du Sélictar. Le péril auquel il avoit été exposé par la trahison d'un autre Esclave l'avoit si peu refroidi, qu'il avoit

avoit tenté mille fois de se faire d'autres ouvertures avec le même danger. Nous partions vers le milieu du jour, dans une grande Caleche que j'avois pour la Campagne. Il étoit à vingt pas de la porte, d'où il vit sortir quelques-uns de mes gens, qui étoient à cheval, & qui se rassembloient pour m'attendre. L'habit François l'ayant frappé, il leur demanda dans notre Langue, qu'il parloit assez facilement, à qui ils appartenoient. Je ne sçais quel projet il auroit pu former sur leur réponse ; mais à peine l'avoit-il reçue, que voyant avancer ma Voiture dans laquelle j'étois avec le Séliêtar & les deux Dames, il reconnut aisément sa Maîtresse. Rien ne fut capable de modérer son transport. Il se jetta à ma portiére, où il demeura suspendu malgré la marche ardente de six puissans chevaux, en me nommant par mon nom, & me conjurant de lui accorder un moment pour s'expliquer. Son agitation lui avoit fait perdre haleine, & dans les efforts qu'il faisoit pour se soutenir & pour se faire entendre, on l'auroit pris pour un furieux qui rouloit quelque dessein funeste. Nous ne nous appercevions pas que Maria Rezati, ou Molene, étoit évanouie à notre côté. Mais les gens du Sélictar, qui suivoient avec ses Equipages, appercevant un Esclave qui paroissoit marquer de respect pour leur Maître & pour moi, accoururent impérieusement, & le forcerent avec violence de quitter ma portiére. Un soupçon qui m'étoit venu de la vérité me faisoit crier au Postillon d'arrêter. Il retint enfin ses chevaux. Je modérai les gens du Sélictar, qui continuoient de maltraiter le jeune Esclave, & je donnai ordre qu'on le fit approcher. Le Sélictar ne comprenoit rien à cette scéne, ni à l'attention que j'y donnois. Mais les explications du Chevalier lui apporterent bientôt les lumiéres que j'avois déja. Ce malheureux jeune homme se fit assez de violence pour reprendre la respiration qui lui manquoit, & prenant sans affectation l'air qui convenoit à sa naissance, il m'adressa un discours que je m'efforcerois envain de rendre aussi touchant qu'il me le parut dans sa bouche. Après m'avoir fait en peu de mots son Histoire & celle de sa Maîtresse, il s'apperçut au moment qu'il vouloit me la faire connoître, qu'elle étoit sans mouvement auprès de moi. Ah ! vous la voyez, s'écria-t-il en s'interrompant avec un nouveau trouble, elle se meurt, prenez soin d'elle. Hélas ! elle se meurt, reprit-il encore, & vous ne la secourez pas !

Il n'étoit pas difficile de lui faire rappeller ses esprits. La joie ne sert qu'à ranimer les forces quand elle ne les a point étouffées dès le premier moment. Elle se tourna vers Théophé ; c'est lui, s'écria-t-elle, ah ! c'est le Chevalier ; c'est lui-même. Je n'avois pas besoin de cette confirmation pour m'apprendre ce que j'en devois croire. Après avoir fait une réponse consolante au jeune Esclave, je demandai au Séliétar s'il étoit assez bien avec son Maître pour me garantir que son absence n'auroit pas de mauvaises suites. Il m'assura que c'étoit un de ses meilleurs amis ; & par une politesse que j'admirai en Turquie, lorsque je lui eus déclaré le défir que j'avois d'emmener le Chevalier à Oru, il dépêcha un de ses gens, pour prier son ami, qui étoit un Officier Général, de trouver bon qu'il usât pendant quelques jours de son Esclave. Je prévois, me dit-il après avoir donné cet ordre, que vous m'employerez à quelque chose de plus ; mais en vous prévenant par l'offre de mes services, je vous assure que ce qui me sera refusé par Nady Emir ne peut être accordé à personne. Nous avions des chevaux de main. J'en fis donner un au Chevalier, qui ne se possedoit point dans les mouvemens de sa joie. Cependant il en sçut modérer les témoignages, & sentant à quoi l'obligeoient encore son habit & sa situation, il s'abstint également & de s'approcher de sa Maîtresse, & de prendre un autre ton que celui qui convenoit à sa mauvaise fortune.

Je ne pus éviter, pendant le reste de la route, de confesser au Sélictar que c'étoit le désir de rendre service à ces malheureux Amans qui m'avoit porté à lui demander la liberté de Molene, & j'acceptai l'offre qu'il me faisoit de son entremise pour obtenir de Nady Emir celle du jeune Chevalier. Théophé acheva d'échauffer son zéle, en marquant qu'elle y prenoit un vif intérêt. Nous arrivâmes à Oru. Le Chevalier se déroba pendant que nous descendions de notre Voiture ; mais il me fit prier un moment après de souffrir qu'il me vît seul, & la grace qu'il me demanda à genoux, en me donnant le nom de son Pere & de son Sauveur, fut de permettre qu'il prît aussi-tôt un autre habit. Quoique le moindre travestissement soit un crime pour un Esclave, je ne le crus pas dangereux pour lui dans les circonstances. Il parut quelques momens après dans un état qui changea autant ses maniéres que sa figure ; & sçachant déja que sa Maîtresse étoit libre, ou qu'elle n'avoit plus d'autre Maître que moi, il me demanda la permission de l'embrasser. Cette scéne nous attendrit encore. Je renouvellai au Sélictar la priére que je lui avois faite en sa faveur, & quoique je n'eusse point de liaison particuliére avec Nady Emir, j'aurois assez compté sur la considération où j'étois parmi les Turcs pour me flatter de réussir moi-même auprès de lui.

L'obstination que le Sélictar avoit eue à vouloir nous accompagner, me forçoit de contenir des sentimens ausquels je confesse enfin qu'il étoit impossible de rien ajouter. Avec la certitude d'une sagesse constante dans l'aimable Théophé, je me croyois celle d'avoir triomphé de son cœur, & j'étois résolu de m'expliquer si ouvertement avec elle, qu'elle n'eût plus à combattre sa timidité, que je regardois désormais comme le seul obstacle qui l'arrêtât. Mais je voulois être libre pour une si grande entreprise. Le Sélictar avoit compté que nous retournerions ensemble à Constantinople. J'exagerai l'importance des affaires qui m'y rappelloient, pour le faire consentir à précipiter notre départ. Le Chevalier fut de notre voyage. Outre les raisons qui regardoient sa liberté, j'en avois une autre de ne le pas laisser à Oru dans mon absence; ou du moins, j'avois à me déterminer sur une difficulté qui me causoit quelqu'embarras. Comme il y avoit peu d'apparence qu'il pensât à retourner en Sicile avec sa Maîtresse, & qu'il étoit encore moins vraisemblable qu'il pût se retrouver avec elle sans retomber dans toutes les familiarités de l'amour, j'examinois s'il étoit convenable de souffrir chez moi un commerce si libre. Mes principes n'étoient pas plus sévéres que ceux de la galanterie ordinaire, & je ne prétendois pas faire un crime à ces deux Amans de se rendre aussi heureux que j'aurois souhaité de l'être avec Théophé ; mais si la chaleur de l'âge fait quelquefois oublier les loix de la Religion, on conserve pour frein l'honnêteté morale, & je n'étois pas moins lié par la bienséance, qui m'imposoit mille devoirs dans mon emploi. Ce scrupule m'auroit fait prendre des résolutions chagrinantes pour le Chevalier, s'il ne m'en eût délivré en arrivant à Constantinople. Il me déclara qu'après le service que j'allois lui rendre, son dessein étoit de se rendre en Sicile, non-seulement pour se mettre en état de restituer ce qu'il m'en couteroit pour sa liberté, mais dans le dessein de pressentir s'il n'y avoit point d'espérance de se faire relever de ses vœux. Son malheur avoit servi à meurir ses sentimens. Il considéroit que Maria Rezati étoit une fille unique, dont il avoit ruiné la conduite & la fortune. Avec mille qualités qu'il ne cessoit pas d'aimer, & dont l'idée même du Sérail ne le dégoûtoit pas, elle avoit assez de bien pour borner son ambition. Toutes ces réfléxions qu'il me communiqua avec beaucoup de tranquillité & de sagesse, le déterminoient à ne rien épargner pour se procurer la liberté de l'épouser.

Je louai ses intentions, quoique j'y prévisse des difficultés dont il ne paroissoit pas s'effrayer. Le Sélictar vit sur le champ Nady Emir, qui étoit revenu à la Ville. Il en obtint le Chevalier aussi facilement qu'il s'en étoit flatté. Mais quoique sa générosité le portât encore à me le rendre sans condition, je me servis de la certitude que j'avois d'être remboursé

bourſé moi-même, pour le faire conſentir à recevoir mille Sequins qu'il avoit payés à Nady. Après la connoiſſance que le jeune Sicilien m'avoit donnée de ſes ſentimens, je ne balançai point à le renvoyer près de ſa Maîtreſſe. Il ne ſe propoſoit que de lui faire ſes adieux, & dans l'ardeur qu'il avoit d'entreprendre un voyage dont il ſe promettoit tout ſon bonheur, j'obtins à peine qu'il prît quelques jours de repos à Oru. Cependant, je l'y retrouvai deux jours après, & mon étonnement fut extrême, au premier moment de mon arrivée, d'apprendre qu'il avoit changé de réſolution. Je n'approfondis pas tout d'un coup ce myſtére, & je lui demandai ſeulement quelles vûes il ſubſtituoit à celles qu'il avoit abandonnées. Il me dit qu'après beaucoup de nouvelles réfléxions ſur la difficulté de réuſſir dans ſon premier deſſein, & ſur les riſques qu'il alloit courir d'être chagriné ou par ſon Ordre, ou par les Rezatis, il étoit revenu à l'ancienne penſée qu'il avoit eue de s'établir en Turquie ; qu'il avoit quelques

II. Partie.

ouvertures agréables du côté de la Moréc, & qu'il n'en épouferoit pas moins fa Maîtreffe, parce que renonçant à la qualité de Chevalier de Malte, il ne fe croyoit pas obligé de remplir les devoirs d'un état dont il abandonnoit tous les avantages ; enfin, que n'ayant point touché une fomme confidérable qu'il avoit prife en Lettres de Change pour Ragufe, & qu'il avoit laiffée en nature à un Banquier de Meffine, il comptoit de fe trouver affez riche pour me remettre la fomme que j'avois payée au Séliêtar, & pour mener une vie fimple dans le pays où il vouloit fixer fon établiffement. Il ajoûta que fa Maîtreffe étoit fille d'un pere fort riche, qui ne vivroit pas toujours, & que ne pouvant perdre les droits que la nature lui donnoit à cet héritage, elle en retireroit tôt ou tard plus qu'ils ne défiroient l'un & l'autre pour rendre leur vie fort aifée, & pour laiffer quelque chofe à leurs enfans, s'il plaifoit au Ciel de leur en accorder.

Un fyftême, né fi vite, me parut

trop bien concerté pour ne pas soupçonner qu'il venoit de quelque incident extraordinaire. Je ne me serois jamais défié néanmoins qu'il vînt de Synese. Le Chevalier n'avoit pu passer deux jours à Oru sans apprendre que ce jeune Grec y étoit avec une blessure dangereuse. Il l'avoit vû par politesse, & l'ayant trouvé aimable, il s'étoit lié tout d'un coup avec lui jusqu'à lui raconter ses avantures. L'embarras où le mettoient ses projets de mariage avoit fait naître à Synese cet admirable Plan, dans lequel il s'étoit flatté de pouvoir trouver ses propres avantages. Il avoit offert une retraite au Chevalier dans les Terres de son Pere, & lui découvrant à son tour les tourmens de son cœur, ils étoient venus de confidence en confidence à se promettre que Théophé par tendresse ou par intérêt se laisseroit engager à les suivre. On étoit bien éloigné d'avoir obtenu son consentement, & Synese avoit prévenu son ami sur la délicatesse de cette négociation ; on se flattoit qu'avec le secours de Maria Rezati, qui étoit entrée ar-

F ij

demment dans ce glorieux projet, on lui feroit entendre que soit qu'elle fût fille de Paniota Condoidi, soit qu'elle prît des sentimens d'amour pour Synese, elle n'avoit rien à souhaiter de plus heureux pour une fille du même Pays.

Quoique le Chevalier m'eût laissé quelque défiance, elle se tournoit si peu vers Synese & sur mes propres intérêts, que ne voulant pas pénétrer plus loin qu'il ne souhaitoit dans les siens, je ne fis pas la moindre objection contre son dessein. Le prix de votre liberté, lui dis je, n'est pas ce qui vous doit causer de l'inquiétude, & je ne regretterois pas une plus grosse somme, si elle pouvoit contribuer à votre bonheur. Cependant je m'imaginai que le fond de cette nouvelle intrigue ne seroit point échappée à Théophé. Je brûlois d'ailleurs du désir de la revoir. C'étoit une impatience si vive, que les trois jours que j'avois été obligé de passer à la Ville m'avoient paru d'une mortelle langueur; & qu'en faisant quelquefois une réfléxion sérieuse sur l'état de mon cœur, j'avois quelque confusion de lui avoir laissé prendre sur moi tant d'ascendant. Mais étant convenu avec moi-même de me livrer à une passion dont j'espérois toute la douceur de ma vie, j'écartois tout ce qui auroit pu diminuer la force d'un sentiment si délicieux.

J'entrai dans l'appartement de Théophé, avec la résolution de n'en pas sortir, sans avoir fait un traité solide avec elle. J'y trouvai Maria Rezati. Affreuse contrainte ! Elles s'étoient liées par une vive affection, & la Sicilienne n'ayant pu s'imaginer qu'elle eût un autre attachement pour moi que celui de l'amour, avoit déja hazardé quelques sollicitations sur le bonheur d'un commerce aussi tranquille qu'elle se figuroit le nôtre. Ce langage avoit déplu à Théophé. A peine eut-elle réçu mes premiéres politesses, que s'adressant à sa Compagne ; dans l'erreur où vous êtes, lui dit-elle, vous serez étonnée d'apprendre de Monsieur que je ne dois rien à son amour, & que m'ayant comblée de bienfaits, je n'en ai l'obligation qu'à sa générosité. Elles paroissoient attendre toutes deux ma réponſe. Je pénétrai mal le ſujet de leur entretien ; & ne ſuivant que la vérité de mes ſentimens, je répondis qu'en effet la beauté ne m'ayant jamais inſpiré d'amour, je n'avois conſulté que les mouvemens de mon admiration dans les premiers ſervices que je lui avois rendus : mais il faut ſi peu de tems pour vous connoître, repris-je en lui jettant un regard paſſionné, & quand on a découvert ce que vous valez, il eſt ſi néceſſaire de vous dévouer toute ſa tendreſſe.... Théophé, qui ſentit où ce diſcours m'alloit conduire, l'interrompit adroitement. Je me flate à la vérité, me dit-elle, que vos propres faveurs ont pu vous faire prendre pour moi quelque amitié ; & c'eſt un bien que je rtouve ſi précieux, qu'il me tiendra lieu éternellement de fortune & de plaiſir. Elle changea auſſi-tôt d'entretien. Je demeurai dans une incertitude qui mit un changement beaucoup plus étrange dans mon humeur. Mais ne pouvant ſupporter long-tems la violence de cette ſituation, je pris un parti qui paroîtra puérile à tout autre qu'un Amant.

J'entrai seul dans le cabinet de Théophé, & ne sentant que trop combien mes espérances étoient reculées, je me servis d'une plume pour ne pas remettre plus loin ce que je prévoyois que ma langue n'auroit pas la force d'exprimer dans des circonstances qui venoient de me remplir de crainte & d'amertume. J'écrivis en peu de lignes tout ce qu'un cœur pénétré d'estime & d'amour peut employer de plus vif & de plus touchant pour persuader sa tendresse ; & quoiqu'il n'y eut rien d'obscur dans mes termes, je répétois en finissant, pour comble de clarté, que je ne parlois pas d'amitié, qui étoit un sentiment trop froid pour les transports de mon cœur, & que je me dévouois pour toute ma vie à l'amour. J'ajoûtois néanmoins qu'ayant sçû le regler jusqu'alors avec une modération dont on me devoit le témoigage, je voulois qu'il dépendît encore de la volonté de ce que j'aimois ; & que n'aspirant qu'au retour du sien, je lui abandonnois le choix des marques.

Je revins d'un air plus tranquille; après m'être soulagé par cette ouverture, & je priai froidement Théophé de passer seule dans son cabinet. Elle y demeura quelques instans. Reparoissant ensuite avec une contenance fort sérieuse, elle me supplia de retourner au lieu d'où elle sortoit. Au dessous de mon Ecrit, j'en trouvai un de sa main. Il étoit si court, & d'un tour si extraordinaire, qu'il n'a pu me sortir de la mémoire. Une Misérable, me disoit-elle, qui avoit appris de moi le nom d'honneur & de vertu, & qui n'étoit pas encore parvenue à connoître celui de son Pere, l'Esclave du Gouverneur de Patras & de Chériber, ne se sentoit propre à inspirer que de la pitié; ainsi, elle ne pouvoit se reconnoître dans l'objet de mes autres sentimens. Il m'échappa une exclamation fort vive en lisant cette étrange réponse. La crainte qu'il ne me fût arrivé quelqu'accident la fit accourir à la porte du cabinet. J'étendis les bras vers elle, pour l'inviter à venir recevoir mes explications; mais quoiqu'elle remarquât ce mouvement paſſionné, elle retourna vers ſa Compagne, après s'être aſſurée qu'elle n'avoit rien à craindre pour ma ſanté. Je demeurai en proie aux plus violentes agitations. Cependant ne pouvant abandonner mes eſpérances, je repris la plume pour effacer l'horrible Portrait qu'elle avoit fait d'elle-même, & j'en fis un qui la repréſentoit au contraire avec toutes les perfections dont la nature l'avoit ornée. Voilà ce que j'aime, ajoûtai-je, & les traits en ſont ſi bien gravés dans mon cœur, qu'il n'eſt pas capable de s'y méprendre. Je me levai, je paſſai près d'elle, & je lui propoſai encore de retourner dans le Cabinet. Elle ſourit, & elle me pria de lui donner plus de tems pour examiner ce que j'y avois laiſſé.

Cette réponſe me conſola. Je me retirai néanmoins pour aller diſſiper le reſte de mon trouble. Il me paroiſſoit ſi étonnant à moi-même que j'euſſe beſoin de tant de précautions pour expliquer mes ſentimens à une fille que j'avois tirée des bras d'un Turc, & qui dans les premiers jours de ſa liberté ſe ſeroit peut-être crue trop heureuse de passer tout d'un coup dans les miens, qu'au milieu même de la tendresse dont je prenois plaisir à m'enyvrer, je me reprochois une timidité qui ne convenoit ni à mon âge ni à mon expérience. Mais outre quelques remords secrets dont je ne pouvois me défendre en me souvenant des maximes de sagesse que j'avois expliquées mille fois à Théophé, & la crainte de me rendre méprisable à ses propres yeux par une passion dont le but ne pouvoit être après tout que la ruine des sentimens de vertu que j'avois coutribué à lui inspirer, il faudroit que je pusse donner une juste idée de sa personne pour faire concevoir qu'une figure qui n'étoit propre qu'à jetter des flammes dans un cœur, devenoit par cette raison même, la plus capable d'imposer de la crainte & du respect, lorsqu'au lieu d'y trouver la facilité que tant de charmes faisoient désirer & que tant de graces sembloient promettre, on étoit non-seulement arrêté par la crainte de déplaire, qui est un sentiment ordinaire à l'amour, mais comme repoussé par la décence, l'honnêteté, par l'air & le langage de toutes les vertus, qu'on ne s'attendoit point à trouver sous des apparences si séduisantes. Vingt fois, dans les principes de droiture & d'honneur qui m'étoient naturels, je pensai encore à me faire violence pour laisser un cours libre aux vertueuses inclinations de Théophé ; mais emporté par une passion que mon silence & ma modération mêmes avoient continuellement fortifiée, je revenois à promettre au Ciel de me contenir dans les bornes que je m'étois imposées, & je croyois donner beaucoup à la sagesse, en me soutenant dans la résolution de ne demander à Théophé que ce qu'elle seroit portée volontairement à m'accorder. Je passai assez tranquillement le reste du jour, dans l'attente de cette nouvelle réponse qu'elle avoit voulu se donner le tems de méditer, & je ne cherchai point l'occasion de lui parler sans témoins. Elle parut l'éviter aussi. Je remarquai même dans ses yeux un embarras que je n'y avois jamais apperçu.

Le lendemain à mon lever, un des Esclaves qui la servoient m'apporta une lettre cachetée soigneusement. Quel fut mon empressement à la lire ! Mais dans quel abattement tombai-je aussi-tôt en y trouvant une condamnation absolue, qui sembloit m'ôter jusqu'aux moindres fondemens d'espérance. Cette lettre terrible, que Théophé avoit passé toute la nuit à composer, auroit mérité d'être rapportée ici toute entière, si des raisons qui viendront à la suite & que je ne rappellerai pas sans douleur & sans honte, ne me l'avoient fait déchirer dans un affreux dépit. Mais les premiers sentimens qu'elle me causa ne furent que de la tristesse & de la consternation. Théophé m'y retraçoit toutes les circonstances de son Histoire, c'est-à-dire ses malheurs, ses fautes & mes bienfaits. Et raisonnant sur cette exposition avec plus de force & de justesse que je n'en ai jamais vû dans nos meilleurs Livres, elle concluoit qu'il ne convenoit, ni à elle qui avoit à réparer autant de désordres que d'infortunes, de s'engager dans une pasfion qui n'étoit propre qu'à les renouveller; ni à moi, qui avois été fon Maître dans la vertu, d'abufer du jufte empire que j'avois fur elle, & du penchant même qu'elle fe fentoit à m'aimer, pour détruire des fentimens qu'elle devoit à mes confeils autant qu'à fes efforts. Si jamais néanmoins elle devenoit capable d'oublier des devoirs dont elle commençoit à connoître l'étendue, elle proteftoit que j'étois le feul qui pût la faire tomber dans cette foibleffe. Mais au nom de cet aveu même, qu'elle donnoit à l'inclination de fon cœur, elle me conjuroit de ne pas renouveller des déclarations & des foins dont elle fentoit le danger; ou fi fa préfence étoit auffi contraire à mon repos qu'elle croyoit s'en être apperçue, elle me demandoit la liberté de fuivre fon ancien projet, qui avoit été de fe retirer dans quelque lieu tranquille des Pays Chrétiens, pour n'avoir pas à fe reprocher de nuire au bonheur d'un Maître & d'un Pere à qui le moindre facrifice qu'elle devoit étoit celui de fa propre fatisfaction.

J'abrége les idées mêmes qui me font restées de cette lettre, parce que je désespérerois de leur rendre toute la grace & la force qu'elles avoient dans leur expression naturelle. A l'âge où je suis en écrivant ces Mémoires, je dois l'avouer avec confusion ; ce ne fut pas du côté favorable à la vertu que je pris d'abord tant de réfléxions sensées. N'y voyant au contraire que la ruine de tous mes désirs, je m'abandonnai au regret d'avoir prêté contre moi de si fortes armes à une fille de dix-sept ans. Etoit-ce à moi, me disois-je amérement, à faire le Prédicateur & le Catéchiste? Quel ridicule pour un homme de mon état & de mon âge ? Il falloit donc être sûr de trouver dans mes maximes le reméde dont j'ai besoin pour moi-même. Il falloit être persuadé de tout ce que j'ai prêché, pour en faire ma propre régle. N'est - il pas misérable que livré comme je le suis aux plaisirs des sens, j'aye entrepris de rendre une fille chaste & vertueuse ? Ah ! j'en suis bien puni. Et portant encore plus loin le déréglement de mes idées, je me rappellois toute ma conduite, pour me justifier en quelque sorte de la folie dont je m'accusois. Mais est-ce ma faute, ajoûtai-je ? Que lui ai-je donc appris de si propre à lui inspirer cette rigoureuse vertu ? Je lui ai représenté l'infamie de l'amour, tel qu'on l'exerce en Turquie; cette facilité des femmes à se livrer aux désirs des hommes, cette grossiéreté dans l'usage des plaisirs, cette ignorance de tout ce qu'on appelle goût & sentiment : mais ai-je jamais pensé à lui donner de l'éloignement pour un amour honnête, pour un commerce réglé, qui est le plus doux de tous les biens, & le plus grand avantage qu'une femme puisse tirer de sa beauté ? C'est elle qui se trompe & qui m'a mal entendu. Je veux l'en avertir; mon honneur m'y oblige. Il seroit trop ridicule pour un homme du monde, d'avoir engagé une fille de ce mérite dans des maximes qui ne conviennent qu'au Cloître.

Loin de revenir aisément de ces premiéres idées, il me tomba dans l'esprit que ma principale faute étoit

d'avoir mis entre les mains de Théophé quelques Ouvrages de Morale, dont les principes, comme il arrive dans la plûpart des Livres, étoient portés à la rigueur, & pouvoient avoir été pris trop à la lettre par une fille qui les avoit médités pour la premiére fois. Depuis qu'elle commençoit à sçavoir assez notre Langue pour lire nos Auteurs, je lui avois donné les Essais de Nicole, par la seule raison que la voyant portée naturellement à penser & à réfléchir, j'avois voulu lui faire connoître un homme qui raisonne continuellement. Elle en faisoit sa lecture assidue. La Logique de Port-Royal étoit un autre Livre que j'avois cru propre à lui former le jugement. Elle l'avoit lû avec la même application & le même goût. Je m'imaginai que des Ouvrages de cette nature avoient pu causer plus de mal que de bien dans une imagination vive, & qu'en un mot ils n'avoient fait que lui gâter l'esprit. Cette pensée rendit un peu de calme au mien, par la facilité que j'avois de lui procurer d'autres Livres dont j'espérois
bientôt

bientôt un effet tout opposé. Ma Bibliothéque étoit fournie dans toutes sortes de genres. Ce n'étoit pas des Livres dissolus que je lui destinois ; mais nos bons Romans, nos Poësies, nos Ouvrages de Théâtre, quelques Livres mêmes de Morale, dont les Auteurs ont été de bonne composition avec les désirs du cœur & les usages du monde, me parurent capables de ramener Théophé à des principes moins farouches ; & je tirai tant de consolation de mon dessein, que j'eus la force de composer mon visage & mes sentimens en reparoissant à sa vûe. L'occasion se présenta de lui parler à l'écart. Je ne pus me dispenser de lui marquer quelque chagrin de sa lettre ; mais il fut modéré ; & lui témoignant plus d'admiration pour sa vertu que de regret de me voir rebuté, je ne parlai de sa résistance à mes soins que comme d'un motif pour me porter moi-même à combattre ma passion.

Je fis tomber aussi-tôt mon discours sur le progrès de ses exercices, & lui vantant quelques Livres nouveaux que j'avois reçûs de France-

II. Partie. G

ce, je lui promis de les lui envoyer dans l'après-midi. Elle fut bien éloignée de la modération où j'affectai de me contenir. Sa joie s'exprima par des transports. Elle prit ma main qu'elle ferra contre ses lévres. Je retrouve donc mon Pere, me dit-elle ! Je retrouve ma fortune, mon bonheur, & tout ce que j'ai espéré en me livrant à sa généreuse amitié. Ah ! quel sort sera plus heureux que le mien ? Cette effusion de sentimens me toucha jusqu'au fond du cœur. Je ne pus y résister ; & la quittant sans ajoûter un seul mot, je me retirai dans mon cabinet, où je me livrai long-tems au trouble qui prenoit l'ascendant sur toutes mes réfléxions.

Qu'elle est sincére ! Qu'elle est naïve ! O ! Dieux, qu'elle est aimable ! Il m'échappa mille autres exclamations avant que de pouvoir mettre quelqu'ordre dans mes idées. Cependant c'étoit la vertu même qui avoit paru s'exprimer par sa bouche. Mes scrupules furent les premiers mouvemens qui s'éleverent dans mon cœur. Je sacrifierai donc tant de mérite à une passion déréglée! J'avois vis-à-vis de moi mes Livres. Je jettai les yeux sur ceux que je m'étois proposé de donner à Théophé. C'étoit Cleopatre, la Princesse de Cleves &c. Mais lui remplirai-je l'imagination de mille chimeres, dont il n'y a pas de fruit à recueillir pour sa raison. En supposant qu'elle y prenne quelque sentiment tendre, serai-je bien satisfait de les devoir à des fictions, qui peuvent réveiller les sentimens de la nature dans un cœur naturellement disposé à la tendresse, mais qui ne feront pas le bonheur du mien, lorsque je ne les devrai qu'à mon artifice. Je la connois. Elle retombera sur son Nicole, sur son Art de penser, & j'aurai le chagrin de voir l'illusion plutôt dissipée que je n'aurai jamais pu la faire naître ; ou si elle est constante, je ne trouverai qu'un bonheur imparfait dans un amour que j'attribuerai sans cesse à des motifs où je n'aurai pas la moindre part.

Ce fut par des réfléxions de cette nature que je parvins insensiblement à calmer les mouvemens qui m'avoient agité. Essayons, repris-je plus tranquillement, jusqu'où la raison est capable de me conduire. J'ai deux difficultés à vaincre, & je dois me proposer l'une ou l'autre à combattre. Il faut ou surmonter ma passion, ou triompher de la résistance de Théophé. De quel côté tournerai-je mes efforts ? N'est-il pas plus juste que je les tourne contre moi-même, & que je cherche à me procurer un repos qui assure en même tems celui de Théophé? Son penchant la porte à m'aimer, dit-elle ; mais elle l'a réprimé. Qu'ai-je à prétendre de son amour? Et si je cherche son intérêt & le mien, ne ferons-nous pas mieux l'un & l'autre de nous borner à la simple amitié ?

C'étoit dans le fond ce que je pouvois penser de plus sage ; mais je me flatois mal à propos d'être aussi Maître de mon cœur que de ma conduite. Si je renonçai sur le champ à l'envie d'employer d'autres voies que mes soins pour toucher le cœur de Théophé, & si je m'imposai des loix plus séveres que jamais dans la familiarité où je ne pouvois éviter de vivre avec elle, je n'en confervai pas moins le trait que je portois au fond du cœur. Ainfi la plus intéreffante partie de ma vie, c'eft-à-dire, le détail intérieur de ma maifon, alloit devenir pour moi un combat perpétuel. Je le fentis dès le premier moment, & je me livrai aveuglément à cette efpéce de fupplice. Que j'étois éloigné néanmoins de prévoir les tourmens que je me préparois !

Synefe que je n'avois pas encore vû depuis fa bleffure, & qui commençoit à fe rétablir, envoya pour la premiére fois un de mes gens, qui vint interrompre mes triftes méditations pour me faire fes excufes. Je l'avois négligé depuis fon avanture, & ne me trouvant pas fort offenfé de l'entreprife d'un Amant, je m'étois contenté de donner ordre qu'on prît foin de lui, & qu'on le renvoyât chez fon pere après fa guérifon. Mais la foumiffion qu'il me marquoit me difpofa fi bien pour lui, que m'étant informé plus particuliérement de fa fanté, je me fis conduire à fa chambre, d'où l'on me dit qu'il ne pouvoit encore s'éloigner. Il feroit entré dans le sein de la terre, si elle s'étoit ouverte pour le cacher à mes regards. Je le rassurai par mes premiéres expressions, & je le priai seulement de m'apprendre le fond de ses vûes, dont j'ajoûtai que je connoissois déja la meilleure partie. Cette demande étoit équivoque, quoique ma pensée ne se portât pas plus loin que la visite qu'il avoit rendue à Théophé. Je le vis trembler da saisissement, & son embarras me faisant naître des soupçons qui ne s'étoient pas présentés à mon esprit, je l'augmentai en redoublant mes instances. Il fit un effort pour se lever, & lorsque je l'eus forcé de demeurer dans sa situation, il me conjura de prendre pitié d'un malheureux jeune homme qui n'avoit jamais pensé à m'offenser, J'écoutois d'un air sévere. Il me dit qu'il étoit toujours prêt à reconnoître Théophé pour sa sœur, & qu'il seroit plus ardent que ses freres à lui donner cette qualité, lorsqu'il plairoit à son pere de s'expliquer ; mais qu'à la vérité ne voyant point assez de certitude dans sa naissance pour s'arrêter à cette idée, il s'étoit livré à d'autres fentimens qui pouvoient devenir auffi avantageux à Théophé que la révélation de fa naiffance & quelque légére partie de l'héritage de Condoidi ; en un mot qu'il lui offroit de l'époufer : que malgré la loi de fa famille, qui affuroit toutes les Terres de fon pere à l'aîné de fes freres, il n'étoit pas fans bien du côté de fa mere ; que dans cette difpofition il n'avoit pas cru manquer de refpect pour moi en différant quelques jours à retourner à Conftantinople, pour trouver l'occafion de déclarer fes fentimens à Théophé ; qu'il ofoit efpérer au contraire que je daignerois les approuver ; qu'à l'égard des offres qu'il avoit faites au Chevalier il avoit toujous fuppofé qu'elles ne s'exécuteroient pas fans mon confentement. Et m'expliquant le projet de leur établiffement dans la Morée, il fe fit un mérite de me déclarer fincérement tout ce qu'il craignoit que je n'euffe appris par une autre voye.

En examinant de fang froid fon difcours & fes intentions, je le trouvai moins coupable, que léger & imprudent de ne pas voir que dans l'opinion qu'il avoit eue lui-même de la naiſſance de Théophé, ſes propoſitions de mariage demandoient abſolument qu'une difficulté ſi importante fût parfaitement éclaircie. Je ne pouvois d'ailleurs lui faire un crime d'avoir entrepris de me ravir un cœur ſur lequel il ignoroit mes prétentions. Ainſi loin de l'effrayer par des reproches, je me bornai à lui faire ſentir la puérilité de ſon projet. Mais ce qu'il n'eſpéroit pas ſans doute après cette réfléxion, je lui promis de faire une nouvelle tentative auprès de ſon pere pour éclaircir la naiſſance de Théophé, & je l'exhortai à ſe rétablir promptement, pour ſe trouver en état de m'amener le Seigneur Condoidi avec lequel je ne voulois m'expliquer qu'en ſa préſence. Cette promeſſe & l'air de bonté dont je pris ſoin de l'accompagner eurent plus d'effet pour ſa guériſon que tous les remédes.

Je ne m'engageois à rien que je ne fuſſe réſolu d'exécuter ; mais ce n'étoit pas lui que je penſois à ſervir, &

toutes

toutes mes vûes se rapportoient à l'avantage de Théophé. L'occasion ne pouvoit être plus favorable pour tenter Condoidi par la crainte du mariage de son fils. J'avois déja formé ce dessein, & je n'ose encore confesser ce que mon cœur osoit s'en promettre. Après quelques jours, que l'impatience de Synese lui fit trouver trop longs, il vint m'avertir qu'il se croyoit assez rétabli pour retourner à la ville. Amenez-moi donc votre pere, lui dis-je; mais gardez-vous qu'il se défie des raisons qui me font souhaiter de le voir. Ils furent le soir à Oru. Je fis un accueil honnête au Seigneur Condoidi, & passant tout d'un coup au motif que j'avois eu de lui renvoyer son fils ; à quoi nous avez-vous exposés, lui dis-je, & si le hazard ne m'avoit fait découvrir les intentions de Synese, de quoi nous alliez-vous rendre coupables? Il est résolu d'épouser Théophé. Voyez si vous l'êtes de souffrir ce mariage. Le Vieillard parut d'abord un peu déconcerté. Mais se remettant aussi-tôt, il me remercia d'avoir arrêté les téméraires inclinations de son fils. Je lui destine un parti, ajouta-t-il, qui conviendra mieux à sa fortune qu'une fille dont l'unique avantage est l'honneur que vous lui accordez de votre protection. J'insistai, en lui représentant qu'il ne seroit peut-être pas toujours le Maître de s'opposer à l'ardente passion d'un jeune homme. Il me répondit froidement qu'il en avoit des moyens infaillibles, & faisant prendre un autre tour à notre conversation, le rusé Grec éluda pendant plus d'une heure tous les efforts que je fis pour l'y ramener. Enfin prenant congé de moi avec beaucoup de politesse, il donna ordre à son fils de le suivre, & ils reprirent tous deux le chemin de Constantinople.

Ce fut plusieurs jours après, qu'étant étonné de n'avoir point entendu parler de Synese, la curiosité me fit envoyer un de mes gens à Constantinople, avec ordre de s'informer de l'état de sa blessure. Son pere, qui sçut qu'on venoit de ma part, me fit remercier de mon attention, & joignit malicieusement à cette politesse, que je pouvois être déformais sans inquiétude pour le mariage de son fils, parce que l'ayant renvoyé dans la Morée, sous une bonne garde, il étoit sûr qu'il ne s'échapperoit point aisément du lieu où il avoit donné ordre qu'il fût enfermé. J'eus assez de bonté pour être sensible à cette rigueur. Théophé marqua la même compassion. Et comme je ne cachai cette nouvelle à personne, le Chevalier plus touché que je ne l'aurois cru du malheur de son ami, forma une résolution qu'il nous déguisa soigneusement. Sous prétexte de se rendre à Raguse, pour y toucher ses Lettres de change, il entreprit de délivrer Synese de sa Prison, & les périls où l'amitié l'engagea feront prendre bien-tôt une idée fort noble de son caractére.

Je ne dissimulai point à Théophé les nouveaux efforts que j'avois faits pour toucher son pere. Elle s'affligea du mauvais succès de mes soins, mais sans excès, & je fus charmé de lui entendre dire qu'avec les bontés que j'avois pour elle, on ne s'appercevroit jamais qu'elle manquât de pere. Que n'aurois-je pas répondu à cette tendre marque de reconnoissance, si j'eusse laissé à mon cœur la liberté de s'exprimer? Mais, fidelle à mes résolutions, je me réduisis au langage de l'affection paternelle, & je l'assurai qu'elle me tiendroit toujours lieu de fille. Un incident qui troubla dans le même tems Constantinople & tous les Pays voisins, acheva de me faire connoître combien j'étois chere à l'aimable Théophé. Il se répandit une fiévre contagieuse, contre laquelle on fut long-tems sans pouvoir découvrir de reméde. J'en fus attaqué. Mon premier soin fut de me faire transporter dans un Pavillon de mon Jardin, où je ne voulus avoir auprès de moi que mon Médecin & mon Valet de chambre. Cette précaution, que je devois à la charité, en étoit d'ailleurs une de prudence, parce que je n'aurois pu délivrer ma maison de cette fâcheuse maladie, si elle s'étoit une fois communiquée à mes Domestiques. Mais un ordre qui sembloit regarder particuliérement Théophé n'eut pas plus de pouvoir que la crainte pour l'empêcher de me suivre. Elle entra malgré mes gens dans le Pavillon, & rien ne fut capable de refroidir un moment ses soins. Elle tomba malade elle-même. Mes instances, mes supplications, mes plaintes ne purent la faire consentir à se retirer. On lui dressa un lit dans mon antichambre, d'où toute la force de son mal ne l'empêcha point d'être continuellement attentive au mien.

De quels sentimens n'eus-je point le cœur pénétré après notre rétablissement ? Le Sélictar, qui avoit été informé de ma maladie, me rendit une visite d'amitié aussi-tôt qu'il crut le pouvoir sans indiscrétion. Son cœur n'étoit pas tranquille. Le tems qu'il avoit passé sans venir à Oru, avoit été employé à combattre une passion dont il commençoit à sentir qu'il ne recueilleroit jamais aucun fruit. Mais il ne put apprendre de moi-même les tendres soins qu'elle avoit eus pour moi, sans marquer par son embarras & par sa rougeur une jalousie qu'il n'avoit point encore sentie. Il s'agita impatiemment pendant le reste de notre entretien. Et lorſque le tems vint de ſe retirer, il ne conſidéra point que la foibleſſe de ma ſanté m'obligeoit de garder mon appartement ; il me pria de l'accompagner au Jardin Je ne me fis pas preſſer. Après avoir gardé le ſilence pendant quelque pas ; j'ouvre les yeux, me dit-il d'un ton emporté, & je rougis de les avoir fermés ſi long-tems. Il eſt facile à un François, ajoûta-t-il ironiquement, de faire une dupe d'un Turc.

J'avoue que ne m'étant attendu à rien moins qu'à cette bruſque invective, & n'ayant penſé, dans la complaiſance avec laquelle je m'étois loué des ſoins de Théophé, qu'à faire valoir la bonté naturelle de ſon caractére, je cherchai pendant quelques momens des expreſſions pour me défendre. Cependant, ſoit qu'un peu de modération naturelle me rendît capable de ne me pas laiſſer aveugler par mon reſſentiment, ſoit que l'abattement de ma maladie fût favorable à ma raiſon, je fis au fier Sélićtar une réponſe moins offenſante que ferme & modeſte. Les François

(car je fais marcher, lui dis-je, l'intérêt de ma Nation avant le mien) connoissent peu l'artifice, & cherchent de meilleures voies pour faire réussir ce qui les flatte. Pour moi, qui n'ai jamais pensé à vous fermer les yeux, je n'ai pas de regret qu'ils soient ouverts, & je vous avertis seulement qu'ils vous trompent s'ils vous font mal juger de mon amitié & de ma bonne foi. Ce discours diminua l'emportement du Sélictar, mais il ne refroidit point toute sa chaleur. Quoi ? me dit-il, vous ne m'avez pas dit que vous n'en étiez qu'aux termes de l'amitié avec Théophé, & que la générosité étoit le seul sentiment qui vous avoit intéressé pour elle ? Je l'interrompis sans émotion : Je ne vous ai pas trompé, si je vous ai tenu ce discours ; c'étoit mon premier sentiment, lui dis-je, & je ne serois pas si content de mon cœur, s'il avoit commencé par un autre. Mais puisque vous me pressez de vous apprendre ce qui s'y passe, je vous avoue que j'aime Théophé, & que je n'ai pu me défendre mieux que vous contre ſes charmes. Cependant je joins à cet aveu deux circonſtances qui doivent vous remettre l'eſprit : Je n'avois pas ces ſentimens pour elle lorſque je l'ai tirée du Sérail de Chériber, & il ne me ſert pas plus qu'à vous de les avoir conçus depuis. Voilà, repris-je avec moins de fierté que de politeſſe, ce que je crois capable de ſatisfaire un homme que j'eſtime & que j'aime.

Il ſe livroit, pendant ce tems-là aux plus noires réfléxions, & rappellant tout ce qu'il avoit remarqué dans notre commerce depuis que j'avois reçu Théophé de ſes mains, il n'auroit pas manqué de jetter le poiſon de ſon cœur ſur les moindres obſervations qui lui auroient paru ſuſpectes. Mais n'ayant à me reprocher que l'innocent témoignage que j'avois reçu du zéle de cette aimable fille, il conçut enfin que je ne m'en ſerois pas vanté avec tant d'imprudence ſi je m'en étois cru redevable à l'amour. Cette penſée ne lui rendit pas le repos & la joie; mais calmant du moins ſes noirs tranſports, elle le diſpoſa à me quitter sans haine & sans colère. Vous n'aurez pas oublié, me dit-il en partant, que je vous ai offert le sacrifice de ma passion quand j'ai cru que l'amitié m'en faisoit un devoir. Nous verrons si j'ai bien compris vos principes, & qu'elle est cette différence que vous m'avez vantée entre vos mœurs & les nôtres. Il ne me laissa pas le tems de lui répondre.

Cette avanture me fit examiner de nouveau quels reproches j'avois à me faire du côté de l'amour ou de l'amitié. Le seul cas où j'aurois cru mériter ceux du Sélictar auroit été celui d'un amour heureux, qui lui auroit fait craindre que ma concurrence n'eût diminué quelque chose de la tendresse qu'il auroit obtenue. Mais depuis que j'aimois Théophé, il ne m'étoit pas même entré dans l'esprit de me faire valoir aux dépens de mon Rival. J'étois assuré par elle-même qu'elle étoit sans goût pour lui, & l'obstacle qu'il m'accusoit de ne pas respecter étoit précisément le seul que je n'avois pas à combattre. D'ailleurs, j'avois moi-même tant de plaintes à faire de mon fort, que m'en trouvant peut-être moins fenfible à celui d'autrui, je pris le parti de rire de fon chagrin pour foulager le mien. Je retournai vers Théophé dans cette difpofition, & je lui demandai en badinant ce qu'elle penfoit du Sélictar, qui m'accufoit d'être aimé d'elle, & qui me faifoit un crime d'un bonheur dont j'étois fi éloigné. Maria Rezati, dont l'attachement croiffoit tous les jours pour fon Amie, avoit acquis trop de lumiéres par fes avantures, pour n'avoir pas reconnu tout d'un coup de quels fentimens j'étois rempli. Ne la quittant pas un moment, elle eut l'adreffe de l'engager dans des ouvertures qui lui donnerent bientôt beaucoup d'influence fur toutes fes réfléxions. Elle lui repréfenta qu'elle ne connoiffoit point affez les biens qu'elle négligeoit, & qu'une femme de fon mérite pouvoit tirer des avantages extrêmes d'une paffion auffi vive que la mienne. Enfin, s'efforçant d'élever fes efpérances, elle lui fit confidérer que je n'étois point marié ; que rien n'étoit si ordinaire dans les Pays Chrétiens que de voir une femme élevée à la fortune par un heureux mariage ; que dans la prévention favorable qui me faisoit regarder ses premiéres avantures comme les fautes & les injustices de la fortune, je ne m'arrêterois vraisemblablement qu'à la conduite qu'elle avoit tenue depuis sa liberté, & qu'à la distance où j'étois de ma Patrie, je ne prendrois conseil que de mon propre cœur. Elle lui répéta mille fois le même discours, avec une espéce d'impatience de le voir reçu trop froidement ; & n'ayant pu tirer d'elle que des réponses modestes, qui marquoient une ame revenue de l'ambition, elle lui protesta qu'indépendamment d'elle & par le seul zéle de l'amitié, elle alloit s'adresser à moi, pour me disposer insensiblement à faire la fortune & le bonheur de son amie. Envain Théophé s'y opposa-t-elle par les plus fortes raisons ; sa résistance fut traitée de crainte & de foiblesse.

Il n'y eut rien d'égal à son embarras. Outre fa maniére de penfer; qui l'éloignoit extrêmement de toutes les vûes de fortune & d'élévation, elle trembloit de l'opinion que j'allois prendre de fa vanité & de fa hardieffe. Après avoir renouvellé inutilement fes efforts pour faire changer de réfolution à fon amie, elle prit elle-même celle de me prévenir fur une négociation dont le moindre rifque lui paroiffoit être la perte de mon eftime & de mon affection. Mais après avoir combattu long-tems fa timidité, elle s'en laiffa vaincre, & le feul expédient qui lui refta fut d'employer un *Caloger*, Chef d'une Eglife Grecque, qui étoit à deux milles d'Oru, avec lequel elle avoit formé quelque liaifon. Ce bon homme fe chargea volontiers de fa commiffion. Il me l'expliqua d'un ton badin; & redoublant l'admiration qu'il avoit déja pour une fille fi extraordinaire, il me demanda fi je mettois beaucoup de différence entre cette vertueufe crainte & celle qui portoit un Caloger modefte à fe cacher pour fuir les Dignités Eccléfiaftiques. Je ris de sa comparaison. Avec un peu plus d'expérience que lui de la vanité & de l'adresse des femmes, toute autre que Théophé m'auroit été suspecte, & j'aurois peut-être regardé cette apparence de modestie comme un tour fort bien imaginé pour me faire connoître ses prétentions. Mais j'aurois fait le dernier outrage à mon aimable Eleve. Elle n'avoit pas besoin de cette précaution, dis-je au Caloger, pour me faire bien juger des sentimens de son cœur, & dites-lui plus d'une fois que s'il m'étoit libre de suivre les miens, je ne tarderois guéres à lui marquer toute la justice que je lui rends. C'étoit la seule réponse qui convînt à ma situation. Oserai-je confesser qu'elle étoit bien plus retenue que mes véritables désirs?

Je ne manquai pas de tenir le même langage à Théophé, & je fus comme forcé de la poursuivre pour trouver l'occasion de l'entretenir sans témoins. Je m'étois retranché les visites que je lui rendois seul dans son appartement. Je ne lui proposois plus de promenade au Jardin.

Elle m'étoit devenue si redoutable que je n'approchois plus d'elle qu'en tremblant. Les plus doux momens de ma vie étoient néanmoins ceux que je passois à la voir. Je portois par tout son idée, & j'avois honte quelquefois au milieu de mes plus graves occupations de ne pouvoir éloigner des souvenirs qui m'assiegeoient continuellement. La connoissance du Caloger, qu'elle m'avoit procurée, m'engagea dans plusieurs promenades qui convenoient peut-être assez peu à la bienséance de mon emploi; mais c'étoit assez que j'accompagnasse Théophé pour n'être sensible qu'au plaisir d'être avec elle. Cependant, je n'ai pu oublier les circonstances de la premiére visite que nous rendîmes au Caloger. Ce n'étoit à parler proprement qu'un Curé, respectable par son âge & par la considération qu'il s'étoit attirée de tous les Grecs. Son revenu s'étoit multiplié par son économie, & les présens qu'il recevoit sans cesse des fidéles de sa Communion suffisoient pour lui faire mener une vie douce & commode. L'ignorance dans laquelle il s'étoit entretenu jusqu'à l'âge de soixante-dix ans, n'empêchoit pas qu'il n'eût une Bibliotheque, qu'il regardoit comme le principal ornement de sa Maison. Ce fut dans ce lieu qu'il m'introduisit, par la haute idée que les Grecs ont du sçavoir des François. Mais lorsque je m'attendois à lui voir déployer ses Richesses Littéraires, je fus surpris d'entendre tomber sa premiére observation sur une vieille chaise qu'il nous fit remarquer dans un coin. Combien croiriez-vous, me dit-il, que cette piéce a passé d'années dans le même lieu ? Trente cinq ans. Car il y en a trente-cinq que j'occupe mon Emploi, & j'ai eu le plaisir de remarquer qu'on ne s'en est jamais servi. Il sembloit même qu'on eût respecté jusqu'à la poussiere dont elle étoit couverte. Mais jettant en même tems les yeux sur les Livres qui en étoient voisins, je m'apperçus qu'ils n'étoient pas moins poudreux. Cette remarque me fit naître une idée plaisante, qui fut de mesurer l'épaisseur de la poussiere qui étoit sur les Livres & sur la chaife ; & la trouvant à peu près égale, j'offris au Caloger de parier que depuis trente-cinq ans la chaife n'avoit pas été plus immobile que les Livres. Il ne conçut pas aifément ma penfée, quoiqu'il eut fait une attention profonde à mon opération ; & il crut, en admirant mon fçavoir, que j'avois un talent extraordinaire pour découvrir la vérité.

Il avoit été marié trois fois, quoique les Loix de l'Eglife Grecque interdifent les fecondes Nôces aux Eccléfiaftiques. La raifon qu'il avoit fait valoir pour obtenir cette difpenfe étoit qu'il n'avoit point eu d'Enfans des deux premiers Lits, & qu'une des fins du Mariage étant de contribuer à la propagation de la fociété, il devoit prendre autant de nouvelles femmes qu'il en perdroit, pour remplir plus parfaitement le but d'une vocation légitime. Le Concile Grec s'étoit laiffé perfuader par un raifonnement fi étrange, & le Caloger qui n'avoit pas communiqué plus de fécondité à fa troifiéme femme qu'aux deux premiéres, s'affligeoit de n'avoir pas connu qu'il étoit fi peu propre pſe au mariage ou de n'en avoir pas mieux rempli les fonctions. Telle eſt la groſſiereté des Chefs d'une Egliſe aſſez nombreuſe, quoiqu'elle le ſoit beaucoup moins qu'ils ne ſe le perſuadent. J'ai remarqué tant de variété dans leurs principes, qu'ils ne ſont guéres unis que par la qualité de Chrétiens, & par la facilité qu'ils ont mutuellement à ſupporter leurs erreurs.

Cependant Maria Rezati n'avoit pas oublié la promeſſe qu'elle avoit faite à Théophé ; & le ſoin qu'on avoit pris de m'avertir, me fit trouver beaucoup de plaiſir à remarquer tous les dégrés d'adreſſe par leſquels une femme tend à ſon but. Mais je me laſſai enfin d'un manége dont je découvrois trop aiſément l'artifice, & prenant occaſion de ſon entrepriſe pour faire connoître à Théophé ce que je n'avois plus la hardieſſe de lui dire moi-même, je la priai d'être auſſi perſuadée que ſon amie, que mon cœur ne changeroit jamais d'inclination. C'eſt une promeſſe que j'ai tenue fidèlement. Ma raiſon me faiſoit encore ſentir que je devois m'y

II. Partie. I

borner. Mais je ne connoissois pas tout ce que j'avois à craindre de ma foiblesse.

Il s'étoit passé environ six semaines depuis le départ du Chevalier Sicilien, lorsque Maria Rezati en reçut une Lettre par laquelle il lui marquoit que son amitié pour Synese Condoidi l'avoit fait triompher de mille difficultés, & que le jeune Grec qui n'appréhendoit plus rien de la violence de son pere depuis qu'il étoit assez libre pour espérer de s'en défendre, étoit toujours disposé à leur accorder une retraite dans une portion de l'Héritage qui lui étoit venu de sa mere. Il ajoûtoit qu'on se reposoit sur elle du soin d'engager Théophé à partager leur Etablissement, & que si elle ne l'avoit point encore fait entrer dans cette disposition, Synese étoit résolu de retourner à Constantinople pour la solliciter lui-même d'accepter ses offres. On ne paroissoit pas inquiet sur mon consentement, & j'eus la satisfaction de penser qu'on portoit un jugement bien avantageux de mon commerce avec Théophé, puisqu'on me croyoit capable de la voir partir avec cette indifférence. Mais ils s'étoient bien gardés de marquer toutes leurs intentions dans leur Lettre. En fuppofant qu'ils trouvaffent quelqu'obftacle de la part de Théophé ou de la mienne, ils étoient réfolus de ne ménager ni le courage ni l'adreffe pour la tirer de mes mains.

L'effai qu'ils venoient d'en faire les animoit fans doute à de nouvelles entreprifes. Ils n'étoient tranquilles à Acade que par l'indulgence du Gouverneur, qui avoit fermé les yeux fur une témérité dont il étoit en droit de les punir. Synefe renfermé par l'ordre de fon pere dans une vieille Tour, qui compofoit la meilleure partie de leur Château, ignoroit quelle devoit être la durée de fa Prifon, & ne voyoit aucune apparence d'en fortir par fes propres efforts. Ses Gardes n'étoient qu'un petit nombre de Domeftiques, qu'il n'auroit pas été difficile de corrompre fi le Chevalier eût été plus riche ; mais étant parti avec une fomme médiocre, que je lui avois prêtée pour son voyage, il n'avoit point eu d'autre ressource pour délivrer son ami que l'adresse ou la force. Parlant mal la Langue Grecque & la Turque, c'étoit un obstacle de plus, & je n'ai jamais compris comment il put le surmonter. Il auroit peut-être eu moins de hardiesse, s'il eut senti toutes les difficultés de son entrprise; car la moitié des téméraires ne réussissent que pour avoir ignoré le danger. Il arriva seul à Acade. Il se logea dans le voisinage du Château de Condoidi, qui en est à peu de distance. Son occupation pendant quelques jours fut de s'assurer du lieu où l'on avoit renfermé Synese, & d'en examiner la disposition. Loin d'en pouvoir forcer la porte, il n'étoit pas même aisé d'en approcher. Mais à l'aide d'un fer, qu'il faisoit rougir dans un Réchaud, il vint à bout dans l'espace d'une nuit de brûler le bout extérieur d'une épaisse solive qui traversoit la Tour; & soit qu'il eût commencé sur des lumiéres certaines, soit qu'il ne se laissât conduire qu'au hazard, il se trouva que l'endroit où il avoit appliqué son travail, répondoit à la chambre de Synese. Cette ouverture une fois commencée, rien ne lui devint si facile que d'écarter les Pierres contigues, & de pénétrer toute l'épaisseur du mur. Son espérance étoit seulement de se faire entendre à son ami, car une nuit ne pouvoit suffire pour lui ouvrir un passage, & la lumére du jour l'auroit trahi, si le désordre eût été trop grand. Mais s'étant fait reconnoître de Synese, il lui apprit dans quel dessein il étoit venu, & ce qu'il avoit fait jusqu'alors pour sa liberté. Ce fut par une délibération commune qu'ils convinrent de se voir toutes les nuits, & que Synese répétant aux gens qui le servoient tout ce qu'il avoit appris dans ces entretiens, se feroit la réputation d'avoir un génie familier qui lui rendoit compte de tout ce qui se passoit dans l'Empire. En effet cette folle imagination se répandit bientôt, non-seulement à Acade, mais dans toutes les villes voisines, & les deux jeunes gens se réjouirent quelque tems de la crédulité du Public.

Ils s'étoient imaginés avec raison qu'une nouveauté si extraordinaire exciteroit beaucoup de curiosité pour l'avanture de Synese, & que la faveur des Turcs, qui sont extrêmement superstitieux, serviroit à le délivrer. Mais quoique le Gouverneur même d'Acade eût marqué de l'admiration pour ce qu'on lui racontoit, il ne parut pas plus disposé à blesser l'autorité paternelle, en remettant un fils en liberté malgré son pere. Ainsi le Chevalier n'ayant tiré aucun fruit de l'artifice eut recours à la violence. Il trouva le moyen de faire passer une Epée à Synese, & s'étant lié avec quelques Domestiques du Château depuis le séjour qu'il faisoit dans le voisinage, il prit le tems qu'on le visitoit dans sa Prison pour le seconder avec tant de vigueur, que toute la Maison de Condoidi attirée par le tumulte ne put empêcher leur fuite. Ils eurent l'imprudence de publier eux-mêmes leur avanture, sans considérer qu'ils risquoient doublement d'être punis, & pour avoir donné un air de religion aux lumiéres de Synese, & pour avoir employé la voie des armes ; deux témérités qu'on pardonne rarement chez les Turcs. Mais le Gouverneur d'Acade informé des raisons qui avoient fait arrêter le jeune Grec, trouva la rigueur de son pere excessive, & se disposa facilement à l'oubli d'une entreprise dont il fit honneur à l'amitié.

C'étoit au premier moment de leur victoire que le Chevalier avoit écrit à Maria Rezati. Il avoit ajoûté qu'ils partoient ensemble pour Raguse, où Synese avoit voulu accompagner son ami, & qu'ils prendroient d'autres mesures sur la réponse de Théophé, qu'ils comptoient de trouver à leur retour. Tous les termes de cette Lettre étoient si mesurés que Maria ne fit pas difficulté de nous la communiquer. Cette franchise me persuada du moins que je n'avois pas de mauvaise intention à lui reprocher. Elle n'avoit pas attendu si long-tems à s'ouvrir à Théophé ; ou plutôt elle avoit pressenti ses dispositions dès l'origine du projet, & ne lui ayant trouvé de goût que pour les Pays

Chrétiens, elle avoit comme renoncé elle-même à ses espérances, après avoir appris la captivité de Synese. Mais se voyant r'ouvrir des voyes qu'elle avoit cru fermées, & jugeant par ma conduite, dont elle étoit continuellement témoin, que je laissois Théophé Maîtresse d'elle-même, elle étoit fort éloignée en effet de vouloir me déplaire, ou de soupçonner qu'elle pût m'affliger en me communiquant la Lettre du Chevalier.

Cependant un mouvement de cœur, qui l'emporta tout d'un coup sur ma modération naturelle, me fit recevoir cette ouverture avec plus de ressentiment que je n'en devois marquer à une femme. Je traitai le projet d'établissement, de partie de libertinage, qui répondoit fort bien à la fausse démarche où Maria Rezati s'étoit engagée en fuyant de la Maison de son pere, mais qui ne pouvoit être proposée sans honte à une fille aussi raisonnable que Théophé. J'allai jusqu'à donner le nom de trahison & d'ingratitude au Plan qui s'en étoit formé dans ma Maison. Je l'ai j'ai pardonné, lui dis-je, à Synese, dont les vûes me parurent alors aussi folles que celles dont son pere l'a justement puni, & je ne voulus point augmenter par mes reproches le malheur qu'il s'étoit attiré dans ma Maison. Mais je ne puis le passer facilement à une femme dont je devois attendre quelque reconnoissance & quelque attachement.

Si ces plaintes étoient trop dures, l'effet en fut aussi trop affreux. Elles inspirerent contre moi à Maria Rezati une haine qui ne convenoit point aux services que je lui avois rendus. Je sçais que le reproche d'un bienfait passe pour une offense. Mais il n'étoit rien entré de trop humiliant dans mes termes, & j'ose ajoûter que les excès de délicatesse n'appartenoient point à une femme qui sortoit d'un Sérail, après avoir abandonné sa Patrie avec un Chevalier de Malte, & que je n'aurois pas dû souffrir, pour me rendre sincérement justice, aussi long-tems dans ma Maison de Constantinople qu'à ma Campagne. Théophé ne balança point à lui répondre de la maniére la plus propre à calmer mon agitation. Il y avoit si peu d'apparence, lui dit-elle, à l'établissement dont on se flatoit, qu'elle étoit surprise qu'il pût être proposé sérieusement Outre que la légereté de deux jeunes gens ne promettoit pas beaucoup de constance dans leurs entreprises, il ne falloit pas douter que le Seigneur Condoidi ne troublât bientôt un projet formé sans sa participation. Pour elle à qui on faisoit la grace de l'y vouloir associer, elle ne comprenoit point à quel titre, & elle se sentoit autant d'éloignement pour celui que Synese paroissoit lui offrir, que d'indifférence pour celui que son pere s'obstinoit à lui refuser. Ce discours me rendit plus tranquille. Cependant le même sentiment me faisant craindre que les conseils de Maria Rezati ne fissent plus d'impression dans mon absence, je résolus de lui procurer le moyen de rejoindre son Amant. On m'apprit qu'il partoit ; dans quelques jours, un Vaisseau pour Lepante. Je fis prier le Capitaine de se charger d'une Dame que ses affaires appelloient dans la Morée, & je lui donnai un de mes gens pour la conduire. Notre séparation se fit d'un air si contraint que je crus avoir peu de fond à faire désormais sur l'amitié de Maria Rezati. Théophé même qui s'étoit beaucoup refroidi pour elle depuis différentes marques qu'elle avoit eues de son indiscrétion, la vit partir avec peu de regret. Mais nous n'en étions pas moins éloignés l'un & l'autre de nous attendre à des emportemens de haine.

Je goûtai plus de repos après son départ que je n'avois fait depuis long-tems; & sans changer la conduite que j'étois résolu de tenir toute ma vie avec Théophé, la seule douceur de me voir plus libre auprès d'elle me tenoit lieu de tous les plaisirs que je n'osois plus espérer de l'amour. Le Sélictar sembloit avoir renoncé à toutes ses prétentions. Il m'en avoit enfin coûté son amitié: car il ne s'étoit pas présenté à Oru depuis ma maladie, & si j'avois l'occasion de le voir dans les fréquens voyages que je faisois à Constantinople, je ne lui trouvois plus aucun reste de cette tendre chaleur avec laquelle il s'étoit toujours empressé de me saluer & de me prévenir par toutes sortes de politesses. Je ne mettois pas néanmoins de changement dans les miennes. Mais après m'avoir traité pendant quelques semaines avec cette froideur, il parut piqué de m'y voir si peu sensible, & j'appris qu'il s'étoit plaint fort amérement de mon procédé. Je me crus alors obligé de lui demander quelque explication de ses plaintes. Cette conversation fut d'abord assez vive pour m'en faire appréhender des suites fâcheuses. Je me trouvois offensé d'un discours où j'avois sçû qu'il m'avoit peu ménagé, & je n'ignorois pas jusqu'où la modération & le silence sont compatibles avec l'honneur. Il désavoua néanmoins le récit qu'on m'avoit fait. Il me promit même de forcer celui dont il avoit reçu ce mauvais office à se rétracter avec éclat. Mais n'en étant pas plus traitable sur l'article de Théophé, il me reprocha avec toute la vivacité qu'il avoit eue à Oru, d'avoir sacrifié sa tendresse à la mienne. J'étois satisfait sur mes propres plaintes. Ainſi reprenant toute l'inclination que j'avois à l'aimer, je m'efforçai de lui faire reprendre à lui-même l'ancienne opinion qu'il avoit eue de ma bonne foi. Après lui avoir fait un nouvel aveu de mes ſentimens pour Théophé, je lui proteſtai dans les termes qui font le plus d'impreſſion ſur un Turc, que non ſeulement je n'étois pas plus heureux que lui, mais que je ne cherchois pas à l'être. Sa reponſe n'auroit pas été plus prompte, ſi elle eut été méditée. Vous déſirez du moins ſon bonheur, me dit-il, en me regardant d'un œil fixe? Oui, répondis-je ſans balancer. Eh bien, reprit-il, ſi elle eſt telle que vous l'avez reçue de moi, lorſqu'elle eſt ſortie du Sérail de Chériber, je ſuis réſolu de l'épouſer. Je connois ſon pere, continua-t-il; J'ai obtenu de lui qu'il la reconnoîtroit à cette condition; il s'eſt laiſſé gagner par quelques promeſſes de fortune que je lui tiendrai fidellement. Mais au moment que je me croyois déterminé à l'exécution d'un deſſein qui m'a coûté mille peines, je me ſuis trouvé combattu par de cruelles réfléxions que je n'ai pu surmonter. Vous m'avez inspiré trop de délicatesse. Vos converlations & vos maximes m'ont transformé en François. Je n'ai pu me résoudre à contraindre une femme dont j'ai cru le cœur possédé par un autre. Que n'ai-je pas souffert? Cependant si votre honneur me garantit ce que je viens d'entendre, toutes mes résolutions renaissent. Vous sçavez nos usages. Je ferai ma femme de Théophé, avec tous les droits & toutes les distinctions que cette qualité lui assure.

Il y avoit peu de surprises qui pussent me paroître aussi terribles. Mon honneur que je venois d'engager, ma malheureuse passion qui subsistoit toujours, mille idées qui se changeoient aussi-tôt en pointes cruelles pour me tourmenter l'esprit & me déchirer le cœur, me firent ressentir en un moment plus d'amertume que je n'en avois éprouvé dans toute ma vie. Le Sélictar s'apperçut de mon embarras. Ah? s'écria-t il, vous me laissez voir ce que je ferois au désespoir de penser. C'étoit me faire entendre qu'il foupçonnoit ma droiture. Non, lui dis-je, vous ne devez pas m'offenfer, par vos défiances. Mais fi je fçais vos loix & vos ufages, ne dois-je pas vous faire fouvenir ou vous apprendre que Théophé eft chrétienne ? Comment fon pere peut-il l'avoir oublié ? J'avoue qu'elle a été élevée dans vos pratiques, & depuis qu'elle eft chez moi, j'ai marqué peu de curiofité pour fçavoir ce qu'elle penfe en matiére de religion ; mais elle eft liée avec un Caloger qu'elle reçoit fouvent, & quoique je ne lui aye vu faire jufqu'à préfent aucun exercice de vos principes ni des nôtres, je lui crois pour le Chriftianifme l'inclination qu'elle doit tirer du fang, où du moins de la connoiffance qu'elle a toujours eue de fa Patrie. Le Séliċtar frappé de cette réfléxion, me répondit que Condoidi même la croyoit Mufulmane. Il ajoûta d'autres raifons d'efpérer que dans quelque Religion qu'elle pût être, elle ne feroit pas plus difficile que la plûpart des autres femmes, qui ne fe font pas preffer en Turquie pour fuivre la Religion

K iiij

de leurs Maîtres ou de leurs maris. J'eus le tems de me remettre pendant ce raisonnement, & comprenant que ce n'étoit pas de moi que devoient venir les objections, je lui dis enfin qu'il étoit inutile de se former des difficultés sur un fait qu'il pouvoit éclaircir dans la première visite qu'il feroit à Théophé. J'avois deux vûes dans cette réponse : l'une d'éviter qu'il me chargeât de ses propositions; l'autre de terminer promptement une nouvelle peine que la lenteur & le doute m'auroient rendue beaucoup plus sensible.

Il est certain qu'il ne m'étoit point encore tombé nettement dans l'esprit que Théophé pût jamais avoir d'autres liens avec moi que ceux de l'amour; & supposé qu'elle se laissât aveugler par l'honneur de devenir une des premiéres femmes de l'Empire Ottoman, je me sentois capable de sacrifier toute ma tendresse à sa fortune. J'aurois regardé d'un œil jaloux le bonheur du Sélictar; mais je ne l'aurois pas troublé, m'en eût-il couté mille fois plus de violence; & peut-être aurois-je contribué par mes propres soins à l'élévation d'une femme que j'aimois uniquement. Cependant, après avoir quitté le Sélictar, qui me promit de me rejoindre le soir à Oru, je n'eus rien de si pressant que d'y retourner. Je ne pris point de détours pour découvrir par dégrés l'impression que j'allois faire sur Théophé. Mon cœur demandoit d'être soulagé à l'instant. Vous allez connoître, lui dis-je, la nature de mes sentimens. Le Sélictar pense à vous épouser, & loin de m'opposer à son dessein, j'applaudis à tout ce qui peut assurer votre fortune & votre bonheur. Elle reçut ce discours avec si peu d'émotion, que je pénétrai tout d'un coup quelle alloit être sa réponse. Loin de contribuer à me rendre heureuse, vous me préparez d'autres chagrins, me dit-elle, par des offres dont je prévois que je ne me défendrai point sans offenser beaucoup le Sélictar. Etoit-ce de vous, ajoûta-t-elle, que je devois attendre une si odieuse proposition ? Vous n'avez pas pour moi toute l'amitié dont je suis flattée, ou j'ai réussi bien mal à vous persuader mes sentimens.

Trop charmé d'un reproche si obligeant, trop sensible à ce qu'il me paroissoit renfermer de favorable pour ma tendresse, j'insistai sur le dessein de Séliétar par le seul plaisir d'entendre répéter ce qui m'avoit rempli le cœur de joie & d'admiration. Mais songez-vous, lui dis-je, que le Séliétar est un des premiers Seigneurs de l'Empire, que ses richesses sont immenses, que l'offre que vous écoutez avec froideur seroit reçue avidement de toutes les femmes du monde, & que c'est à ses pareils qu'on voit accorder tous les jours les sœurs & les filles du Grand-Seigneur ; enfin songez-vous que c'est un homme qui vous aime depuis long-tems, qui joint beaucoup d'estime à l'amour, & qui se propose d'en user autrement avec vous que les Turcs ne font avec leurs femmes ? Elle m'interrompit. Je ne songe à rien, me dit-elle, parce que rien ne me touche que l'espérance de vivre tranquille sous la protection que vous m'accordez, & que je ne désire point d'autre bonheur. Après tant de promesses par lesquelles je m'étois engagé au silence, il ne m'étoit plus permis de marquer ma joie par des transports; mais ce qui se passoit secrétement au fond de mon cœur surpassoit tout ce que j'ai rapporté jusqu'ici de mes sentimens.

Le Sél'ctar ne manqua point de venir le soir à Oru. Il me demanda avec empressement si j'avois fait l'ouverture de son projet à Théophé. Je ne pus lui déguiser que j'avois hazardé quelques explications qui n'avoient pas été reçues aussi favorablement qu'il paroissoit le souhaiter. Mais peut-être serez-vous plus heureux, ajoûtai-je, & je suis d'avis que vous ne différiez pas à vous expliquer vous-même. Il entroit une joie maligne dans ce conseil. Je brûlois non-seulement de voir finir ses importunités par un refus qui lui ôtât tout à fait l'espérance, mais encore plus de jouir parfaitement de mon triomphe en voyant mon Rival humilié à mes yeux. C'étoit le seul plaisir que j'eusse encore tiré de ma passion, & je ne m'y étois jamais livré avec tant de douceur. Je conduisis le Séliêtar à l'appartement de Théophé. Il lui déclara le sujet de sa visite Ayant eu le tems de méditer sa réponse, elle prit soin de n'y rien mêler qui pût être mortifiant pour lui; mais son refus me parut si décisif, & les raisons qu'elle en apporta furent exposées avec tant de force, que je ne doutai point qu'il n'en prît aussi-tôt la même opinion que moi. Aussi ne demanda-t-il point qu'elles lui fussent répétées. Il se leva sans répliquer un seul mot, & sortant avec moi d'un air moins affligé qu'irrité, il me dit plusieurs fois : l'auriez-vous cru? Devois-je m'y attendre? Et lorsqu'il fut prêt à partir, sans avoir voulu consentir à passer la nuit chez moi, il ajoûta en m'embrassant; demeurons, amis. J'étois déterminé à faire une folie; mais vous conviendrez que celle dont vous venez d'être témoin surpassé beaucoup la mienne. Son dépit éclata jusques dans sa Chaise; je lui vis lever les mains en me quittant, & les joindre avec un mouvement auquel je m'imaginai que la honte avoit autant de part que la douleur & l'étonnement. Malgré les sentimens que j'ai confessés, je l'aimois assez pour le plaindre, ou pour souhaiter du moins qu'une avanture si piquante pût servir à sa guérison.

Mais peut-être n'étoit-ce pas sur lui que j'aurois dû tourner ma compassion, si j'eusse prévû à quels nouveaux incidens je touchois, & ce que sa disgrace même devoit me causer de chagrin & d'humiliation. A peine fut-il parti, qu'étant retourné à l'appartement de Théophé, je la trouvai si satisfaite de son départ, qu'elle venoit d'apprendre au même moment, & son humeur naturellement vive & enjouée lui inspira tant d'agréables réflexions sur la fortune qu'elle avoit refusée, que ne comprenant plus rien aux principes d'une femme capable de traiter avec ce mépris tout ce que le commun des hommes estime, je la suppliai, après l'avoir entendu quelques momens, de m'apprendre ce qu'elle prétendoit par une conduite & des sentimens qui me remplissoient tous les jours d'admiration. On se propose un but, lui dis-je, en la regardant d'un air que les sentimens mêmes dont j'étois agité sembloient rendre rêveur; & plus les voies par lesquelles on veut marcher sont extraordinaires, plus le terme auquel on aspire doit être noble & relevé. J'ai la plus haute idée du vôtre, sans pouvoir néanmoins le découvrir. Vous ne manquez pas de confiance pour moi, ajoutai-je; pourquoi m'avoir caché jusqu'à présent vos vûes, & que n'accordez-vous du moins à l'amitié ce que je n'ose plus vous demander par d'autres motifs? J'avois parlé d'un ton assez sérieux pour lui persuader que ce n'étoit pas la seule curiosité qui m'intéressoit à cette question, & quelque fidélité que j'eusse d'ailleurs à observer toutes mes promesses, elle avoit trop de pénétration pour ne pas remarquer continuellement que mon cœur n'en étoit pas plus tranquille. Cependant, sans changer le ton gai & léger dont elle s'étoit applaudi de la retraite du Sélictar, elle me protesta que son unique but étoit celui qu'elle m'avoit déclaré mille fois & qu'elle étoit surprise de me voir oublier. Votre amitié & votre généreuse protection, me dit-elle, ont réparé dès le premier moment tous les malheurs de ma fortune ; mais les regrets, l'application, les efforts de toute ma vie ne répareront jamais les désordres de ma conduite. Je suis indifférente pour tout ce qui ne sçauroit servir à me rendre plus sage, parce que je ne connois plus d'autre bien que la sagesse, & que tous les jours je découvre de plus en plus que c'est le seul qui me manque.

Des réponses de cette nature m'auroient fait craindre encore que la lecture & la méditation ne lui eussent gâté l'esprit, si je n'eusse remarqué d'ailleurs une égalité admirable dans le fond de son caractère, une modération constante dans tous ses désirs, & toujours le même agrément dans ses discours & dans ses maniè-

res. C'est ici que je commencerois à rougir de ma foiblesse, si je n'avois préparé mes Lecteurs à les pardonner une si belle cause. Je ne pus faire réfléxion sur tant de merveilleuses circonstances sans me sentir plus pénétré que jamais de tous les sentimens que j'avois tenus comme en respect depuis plusieurs mois, par la force de mes engagemens. Les offres d'un homme tel que le Sélictar, & le refus dont j'avois été témoin avoient tellement changé Théophé à mes yeux, qu'elle me paroissoit revêtue de tous les titres qu'elle n'avoit point acceptés. Ce n'étoit plus une Esclave que j'avois rachetée, une inconnue qui ne pouvoit se faire avouer de son pere, une fille malheureusement livrée à la débauche d'un Sérail ; je ne voyois plus dans elle, avec toutes les qualités que j'adorois depuis si long-tems, qu'une personne annoblie par la grandeur même qu'elle avoit méprisée & digne de plus d'élévation que la fortune ne pouvoit jamais lui en offrir. De cette disposition, qui ne fit qu'augmenter sans cesse par les réfléxions

fléxions de plusieurs jours, je passai sans répugnance au dessein de l'épouser; & ce qui devoit être surprenant pour moi-même après avoir passé près de deux ans sans oser m'arrêter un moment à cette pensée, je me familiarisai tout d'un coup avec mon projet jusqu'à ne m'occuper que des moyens de le faire réussir.

Ce n'étoit pas du côté de mon imagination que j'avois des obstacles à combattre, puisque je n'y trouvois plus rien qui ne favorisât mon penchant; ni du côté de ma famille, qui n'avoit pas le pouvoir de s'y opposer, & qui dans l'éloignement où j'étois de ma Patrie, n'apprendroit ma résolution que long-tems après qu'elle seroit exécutée. D'ailleurs, en me livrant à l'inclination de mon cœur, je n'oubliois pas ce que je devois à la bienséance; & ne fut-ce que pour éviter la dépense & l'éclat, j'étois déja résolu de renfermer la fête de mon mariage dans l'enceinte de mes murs. Mais au milieu de la douceur que je trouvois à satisfaire mes plus cheres inclinations, j'aurois souhaité que Théophé eût paru céder

II. Partie. L

à ma tendresse par d'autres motifs que ceux que j'avois à lui proposer, & je sentois quelque regret d'avoir eu besoin de cette voie pour obtenir d'elle un peu d'amour. Quoique je me fusse flatté plus d'une fois d'avoir fait impression sur son cœur, il étoit triste pour le mien de n'en avoir jamais arraché le moindre aveu. Sans espérer de l'amener plus ouvertement à cette déclaration, je me promis du moins qu'en lui faisant envisager avec quelqu'obscurité ce que j'étois déterminé à faire pour elle, il seroit impossible que dans les mouvemens secrets de cette vive reconnoissance qu'elle m'avoit tant de fois exprimée, il ne lui échappât point quelques termes dont je croyois sentir que mon cœur pourroit se contenter, & qui me donneroient occasion de lui déclarer aussi-tôt moi-même de quoi l'amour me rendoit capable pour son bonheur & pour le mien. Dans toutes ces réfléxions, il ne me vint pas même à l'esprit que le refus qu'elle avoit fait au Sélictar fût une raison de craindre le même sort ; & je pris encore plaisir à me persuader que si ce n'étoit pas absolument pour se conserver à moi qu'elle avoit rejetté une des premières fortunes de l'Empire, c'étoit du moins par une prévention si favorable pour notre Nation qu'elle n'en seroit que plus disposée à recevoir de moi les mêmes offres.

Enfin, quelques jours s'étant passés dans cette espéce de préparation, j'avois fait choix, pour la décision de mon bonheur, d'un après-midi où rien ne pouvoit troubler l'entretien que je voulois avoir avec elle. J'entrois déja dans son appartement, lorsqu'une pensée que mes raisonnemens n'avoient pu servir à me faire rappeller, me glaça tout d'un coup le sang, & me fit retourner sur mes pas avec autant de trouble & de frayeur que j'avois apporté de tranquillité & de résolution. Je me souvins que le Sélictar avoit pris du moins quelques mesures du côté de Condoidi pour assurer la naissance de Théophé, & je tremblai de la force d'une passion qui m'aveugloit jusqu'à me faire manquer à des bien=séances dont un Turc ne s'étoit pas cru dispensé. Mais cette raison de m'allarmer ne fut pas la seule qui jettât la confusion dans toutes mes idées. Je considérai qu'autant qu'il étoit nécessaire de m'ouvrir à Condoidi, & de l'engager à faire pour moi ce qu'il avoit offert au Sélictar, autant il m'alloit être difficile & humiliant de faire dépendre mes résolutions du caprice d'un homme que j'avois si peu ménagé. Que seroit-ce s'il alloit prendre plaisir à tirer vangeance & des sollicitations par lesquelles je l'avois importuné pour sa fille, & des chagrins qu'il me soupçonnoit de lui avoir causés à l'occasion de son fils ? Je ne voyois pas néanmoins deux partis à choisir, & ma surprise étoit qu'une condition si nécessaire eût pu m'échapper. Mais croira-t-on qu'après m'en être fait un juste reproche, & m'être occupé long-tems à délibérer sur la voye que je devois prendre pour réparer mon imprudence, ma conclusion fut de retourner vers Théophé, & d'exécuter ce que je m'étois cru obligé de suspendre par de si fortes raisons. Je ne ferai pas trop valoir les raisonnemens qui me rappellerent à cette résolution. Je ne persuaderois à personne que l'amour n'y eût pas plus de part que la prudence. Cependant il me sembla que des obstacles que je ne désespérois pas de vaincre ne devoient pas retarder une déclaration qui feroit enfin connoître à Théophé toute l'ardeur de ma passion, & qui la disposeroit sans doute à favoriser mon entreprise, du moins par ses désirs. En lui apprenant que je lui destinois ma main, je ne prétendois pas lui dissimuler que le même jour que je voulois devenir son Mari, je comptois lui rendre un Pere. Dois-je le dire ? Quelque succès que je pusse obtenir de la part de Condoidi & de la sienne, je me flatois qu'elle seroit assez touchée de la résolution que j'avois prise en sa faveur, pour m'en tenir compte par ses sentimens, & pour m'accorder tôt ou tard sans conditions, ce qu'elle verroit bien que je voulois mériter à toutes sortes de prix. Mes réfléxions étoient en plus grand nombre, & n'étoient peut-être pas si nettes, lorsque je rentrai dans son appartement. Je ne lui laissai pas le tems de s'inquiéter de mon trouble. Je me hâtai de la prévenir, pour lui expliquer mes desseins, & l'ayant priée de m'écouter sans m'interrompre, je ne finis mon discours qu'après avoir exposé dans un fort long détail jusqu'au moindre de mes sentimens.

La chaleur qui m'avoit emporté à tant d'étranges démarches s'étoit non seulement soûtenue, mais comme augmentée pendant cette explication; & la présence d'un objet si cher agissant encore plus vivement que toutes mes réfléxions, j'étois dans un état où rien n'étoit peut-être comparable à la force de mon amour & de mes désirs. Mais un coup d'œil que je jettai sur Théophé me plongea dans des frayeurs mille fois plus vives que celles qui m'avoient arrêté à sa porte une heure auparavant. Au lieu des témoignages de reconnoissance & de joie que je m'attendois à voir éclater sur son visage, je n'y apperçus que les marques de la plus profonde tristesse & d'un mortel abbatement. Elle paroissoit pénétrée de tout ce qu'elle venoit d'entendre; mais je ne voyois que trop que ce qui arrêtoit encore sa langue étoit un saisissement de surprise & de crainte plutôt qu'un transport d'admiration & d'amour. Enfin lorsque dans l'embarras où j'étois moi-même, j'allois lui marquer de l'inquiétude pour sa situation, elle se jetta à genoux devant moi, & ne pouvant plus retenir ses larmes, elle en versa une abondance qui lui ôta pendant quelque momens la liberté de parler. J'étois si vivement agité par mes propres mouvemens, que je me trouvai sans force pour la relever. Elle demeura malgré moi dans cette posture, & je fus contraint d'entendre un discours qui me perça mille fois le cœur. Je ne rapporterai pas ce que le souvenir de ses fautes, qui lui étoit toujours présent, lui fit prononcer d'injurieux & de méprisant pour elle-même; mais après s'être représentée sous les plus odieuses couleurs, elle me conjura d'ouvrir les yeux sur ce Tableau, & de ne pas souffrir plus long-tems qu'une indigne passion m'aveuglât.

Elle me rappella ce que je devois à ma naiſſance, à mon rang, à l'honneur même & à la raiſon, dont j'avois ſervi moi-même à lui donner les premiéres idées, & dont je lui avois appris ſi heureuſement les maximes. Elle accuſa la fortune de mettre le comble aux malheurs de ſa vie, en la faiſant ſervir non ſeulement à ruiner le repos de ſon pere & de ſon bienfaiteur, mais à corrompre les principes d'un cœur dont elle prétendoit que les vertus avoient été ſon unique modéle. Et quittant à la fin le ton de la douleur & des plaintes pour prendre celui des menaces les plus fermes, elle me proteſta que ſi je ne renonçois point à des déſirs qui bleſſoient également mon devoir & le ſien, ſi je ne me réduiſois point aux titres de ſon Protecteur & de ſon Ami, à ces chers & précieux titres auſquels elle demandoit encore au Ciel que j'en vouluſſe toujours joindre les ſentimens, elle étoit réſolue de quitter ma Maiſon ſans me dire adieu, & d'uſer de la liberté, de la vie, de tous les biens en un mot qu'elle confeſſoit me devoir,

voir, pour me fuir éternellement.

Après cette cruelle protestation, elle quitta la posture où elle étoit encore ; & me suppliant d'un ton plus modéré de lui pardonner quelques termes peu respectueux que la force de sa douleur avoient pu lui arracher, elle me pria de trouver bon qu'elle allât cacher sa peine & se remettre de sa honte dans le cabinet voisin, d'où elle étoit résolue de ne sortir que pour s'éloigner tout à fait de moi, ou pour se livrer au plaisir de me retrouver tel que nous devions le souhaiter tous deux pour mon bonheur & le sien.

Elle passa effectivement dans le cabinet, & je n'eus pas même la hardiesse de faire le moindre effort pour la retenir. La voix, le mouvement, la réfléxion, toutes mes facultés naturelles étoient comme suspendues par l'excès de mon étonnement & de ma confusion. Je me serois précipité dans un abîme, s'il s'en étoit ouvert un devant moi, & la seule idée de ma situation me paroissoit un tourment insupportable. J'y demeurai néanmoins fort long-

II. Partie. M

tems sans retrouver assez de force pour en sortir. Mais il falloit que cet état fut en effet bien violent, puisque le premier Domestique que je rencontrai fut allarmé de l'altération de mon visage, & que répandant aussi-tôt l'allarme dans ma Maison il attira autour de moi tous mes gens, qui s'empresserent de m'offrir les secours qu'ils croyoient nécessaires à ma santé. Théophé même, avertie par le tumulte, oublia la résolution qu'elle avoit formée de ne pas sortir de son cabinet. Je la vis accourir avec inquiétude. Mais sa vûe redoublant toutes mes peines, je feignis de ne l'avoir point apperçue. J'assurai mes gens qu'ils s'étoient allarmés sans raison, & je me hâtai de me renfermer dans mon appartement.

J'y passai plus de deux heures, qui ne furent pour moi qu'un instant. Que de refléxions améres & que de violentes agitations ! Mais elles aboutirent enfin à me faire reprendre le parti dont je m'étois écarté. Je demeurai convaincu que le cœur de Théophé étoit à l'épreuve de tous les efforts des hommes, & soit caraêtere naturel, soit vertu acquise par ses études & par ses méditations, je la regardai comme une femme unique, dont la conduite & les principes devoient être proposés à l'imitation de son sexe & du nôtre. La confusion qui me restoit de son refus me devint facile à dissiper, lorsque je me fus arrêté invariablement à cette résolution. Je voulus même me faire un mérite auprès d'elle d'être entré si promptement dans ses vûes. Je la rejoignis dans son cabinet, & lui déclarant que je me rendois à la force de ses exemples, je lui promis de me borner aussi long-tems qu'elle le souhaiteroit, à la qualité du plus tendre & du plus ardent de ses amis. Que cette promesse étoit combattue néanmoins par les mouvemens de mon cœur, & que sa présence étoit propre à me faire rétracter ce que j'avois reconnu juste & indispensable dans un moment de solitude! Si l'idée que j'ai à donner d'elle dans la suite de ces Mémoires ne répond pas à celle qu'on en a du prendre jusqu'ici sur des épreuves si glorieuses pour sa vertu, n'ai-je point à craindre que ce ne soit de mon témoignage qu'on se défie, & qu'on n'aime mieux me soupçonner de quelque noir sentiment de jalousie qui auroit été capable d'altérer mes propres dispositions, que de s'imaginer qu'une fille si confirmée dans la vertu ait pu perdre quelque chose de cette sagesse que j'ai pris plaisir jusqu'à présent à faire admirer ? Quelque opinion qu'on en puisse prendre, je ne fais cette question que pour avoir occasion de répondre qu'on me trouvera aussi sincére dans mes doutes & dans mes soupçons, que je l'ai été dans mes éloges, & qu'après avoir rapporté ingénument des faits qui m'ont jetté moi même dans les derniére incertitudes, c'est au Lecteur que j'en veux laisser le jugement.

Mais le nouveau traité que j'avois fait avec Théophé fut suivi d'un calme assez long, pendant lequel j'eus encore le plaisir de lui voir exercer toutes ses vertus. J'avois appris du Guide que j'avois donné à Maria Rezati que cette inquiéte Sicilienne avoit mal répondu à notre attente & sans doute à celle de son Amant.

Le Capitaine du Vaiſſeau ſur lequel je l'avois fait embarquer pour la Morée, ayant pris une vive paſſion pour elle, l'avoit engagé à lui découvrir ſes avantures & ſes projets. Il s'étoit ſervi de cette connoiſſance pour lui repréſenter ſi vivement le tort qu'elle alloit ſe faire pour le reſte de ſa vie en rejoignant ſon Chevalier, qu'il l'avoit fait conſentir enfin à ſe laiſſer reconduire en Sicile, où il n'avoit pas douté qu'elle ne pût ſe reconcilier facilement avec ſa famille. Il s'étoit bien promis d'en recueillir le principal fruit, par un mariage auquel il étoit aiſé de prévoir qu'il trouveroit peu d'oppoſition ; & ſi je devois m'en rapporter au témoignage d'un Domeſtique, il n'avoit point attendu qu'il fût débarqué à Meſſine pour s'en aſſurer les droits. Enfin s'étant préſenté au Pere de ſa Belle, qui s'étoit cru trop heureux de retrouver ſa Fille & ſon Héritiére, il avoit obtenu, en ſe faiſant connoître pour un Italien fort bien né, la permiſſion d'épouſer Maria Rezati avant que le bruit de ſon retour ſe fût répandu ; & c'étoit pour elle en effet la seule manière de rentrer avec honneur dans sa Patrie. Elle avoit voulu que le Guide que je lui avois donné l'accompagnât jusques chez son pere, pour achever apparemment de gagner ce bon Vieillard en lui donnant cette preuve de l'intérêt que j'avois pris à sa fortune. Il n'étoit parti de Messine qu'après la célébration du mariage, & il m'apporta une Lettre du Seigneur Rezati, qui contenoit des marques fort vives de sa reconnoissance.

Théophé en avoit reçu une aussi de Maria, & nous nous étions crus délivrés tous deux de cette avanture. Il s'étoit passé environ six semaines depuis le retour de mon Valet, lorsqu'étant à Constantinople j'appris d'un autre de mes gens qui revenoit d'Oru, que le Chevalier y étoit arrivé la veille, & que les nouvelles que Théophé lui avoit communiquées l'avoient jetté dans un désespoir dont on appréhendoit les suites. Il me fit faire néanmoins des excuses de la liberté qu'il avoit prise de venir descendre chez moi, & il me prioit de trouver bon qu'il s'y arrêtât quelques jours. Je le fis assurer sur le champ que je l'y verrois volontiers, & je ne fus pas plutôt libre que l'impatience d'apprendre ses sentimens & ses desseins me fit quitter la Ville. Je le trouvai dans toute la consternation qu'on m'avoit représentée. Il me reprocha même d'avoir causé son malheur par la liberté que j'avois laissée à sa Maîtresse de quitter ma Maison, sans l'en avoir informé, & je pardonnai ses reproches à la douleur d'un Amant. Mais en peu de jours mes consolations & mes avis le ramenerent à des idées plus justes. Je lui fis reconnoître que le parti que sa Maîtresse avoit pris, étoit ce qui pouvoit arriver de plus heureux pour elle & pour lui-même, & je le disposai à profiter des secours que je lui offris pour faire sa paix avec sa Famille & son Ordre.

Etant devenu plus tranquille il nous raconta l'avanture de Synese & la sienne, dont nous n'avions appris que les principales circonstances par sa Lettre. Ils avoient fait ensemble le voyage de Raguse, & n'ayant point trouvé d'obstacles au payement des

M iiij

Lettres de change, ils s'étoient mis en état d'exécuter avec assez d'ordre & de succès le projet de l'Etablissement. Mais ce qu'il eut peine à me confesser d'abord fut que Synese étoit arrivé avec lui à Constantinople. La réponse de Maria Rezati, qu'ils avoient trouvée à leur retour de Raguse, leur ayant fait comprendre que Théophé ne les joindroit pas volontairement, ils étoient venus dans l'espérance de faire plus d'impression sur elle par leurs propres instances ; & le Chevalier sensible aux honnêtetés qu'il recevoit dans ma Maison, ne me dissimula point que le dessein de Synese étoit d'employer la violence au défaut des voyes qui lui avoient mal reussi. Je trahis mon Ami, me dit-il ; mais je suis sûr que vous n'userez pas de ma confidence pour lui nuire ; au lieu qu'en vous cachant son dessein, je vous trahirois d'autant plus cruellement qu'il vous seroit impossible de prévenir le coup qui menace votre Maison. Il ajoûta que s'il s'étoit engagé à seconder Synese, c'etoit que dans l'attente où il étoit de trouver chez moi sa

Maîtresse, & de retourner avec elle en Morée, il lui avoit souhaité une Compagne aussi aimable que Théophé, à laquelle il comptoit d'ailleurs que les agrémens de leur société feroient bientôt trouver à Acade plus de douceurs qu'elle ne s'y en promettoit. N'ignorant pas d'ailleurs les efforts que j'avois faits moi-même pour engager Condoidi à la reconnoître, il s'étoit persuadé que je ne m'offenserois pas qu'on la fît entrer comme malgré elle dans une famille à laquelle je souhaitois de la voir rendue. Mais le projet de l'Etablissement se trouvant ruiné par le fond, il m'avertissoit des vûes de Synese, dans lesquelles il ne voyoit plus pour Théophé la même sûreté ni les mêmes avantages.

Elle ne fut pas témoin de cette ouverture, & je priai le Chevalier de ne l'informer de rien. Il me suffisoit d'être averti, pour dissiper aisément l'entreprise de Synese, & je jugeois bien d'ailleurs que perdant le secours du Chevalier il lui resteroit aussi peu de facilité que de hardiesse. Je voulus néanmoins être infruit des moyens qu'ils s'étoient proposé d'employer. Ils devoient prendre quelque jour où je serois à la Ville. Je laissois peu de monde à Oru. Connoissant tous deux ma Maison, ils s'étoient flaté de s'y introduire aisément, & d'y trouver d'autant moins de résistance que Maria Rezati partant volontairemennt, ils pouvoient persuader à mes Domestiques que si Théophé sembloit l'accompagner malgré elle, c'étoit néanmoins avec ma participation. J'ignore comment cette témérité leur auroit réussi. Mais je me délivrai de toutes sortes de craintes en faisant déclarer à Synéfe que je connoissois son dessein, & que s'il le conservoit un moment, je lui promettois qu'il seroit puni avec plus de rigueur qu'il ne l'avoit été de son pere. Le Chevalier, qui n'avoit pas cessé de l'aimer, contribua aussi à lui faire abandonner des vûes qu'ils avoient formées de concert. Cependant il ne put lui ôter du cœur une passion qui le précipita encore dans plus d'une folle entreprise.

Quel fond doit-on faire à cet âge

fur les plus heureux caractéres ! Ce même Chevalier que je croyois enfin revenu à la raison, & qui continua effectivement, jusqu'à son départ, de mériter par sa conduite les égards que je ne cessai point d'avoir pour lui, ne retourna en Sicile que pour y retomber dans un désordre beaucoup moins excusable que celui dont il étoit sorti. J'employai mes plus fortes recommandations auprès du Grand Maître de Malte & du Vice-Roi de Naples pour lui procurer un accueil plus doux qu'il n'osoit l'espérer. Il reparut librement dans sa Patrie, & sa fierté y passa pour une erreur de jeunesse. Mais il ne put éviter d'y voir sa Maîtresse, ou plutôt il eut sans doute la foiblesse d'en chercher l'occasion. Leurs flammes se rallumerent. A peine s'étoit-il passé quatre mois depuis son départ, que Théophé me fit voir une Lettre écrite de Constantinople, par laquelle il lui marquoit avec beaucoup de détours & d'expressions timides, qu'il étoit revenu en Turquie avec sa Maîtresse, & que ne pouvant vivre l'un sans l'autre, ils avoient enfin renoncé pour jamais à leur Patrie. Il se rendoit justice sur l'excès de sa folie ; mais quoiqu'il apportât pour excuse la violence d'une passion qu'il n'avoit pu vaincre, il sentoit, disoit-il, que la bienséance ne lui permettroit point de paroître devant moi sans avoir pressenti ma bonté, & il supplioit Théophé de la reveiller en sa faveur.

Je ne déliberai pas un moment sur ma réponse. Le cas étoit si différent du premier, & je me trouvai si peu de disposition à recevoir un homme qui violoit mille devoirs à la fois dans ce nouvel enlévement, que dictant moi-même la Lettre de Théophé, je déclarai au Chevalier & à la Compagne de sa fuite qu'ils ne devoient espérer de moi ni faveurs ni protection. Ils avoient pris assez de mesures pour s'en pouvoir passer, & & leur but en venant droit à Constantinople étoit bien moins de me voir, que d'y rejoindre Synese, à qui ils vouloient faire renaître leur ancien projet. Cependant comme ils avoient repris celui d'y faire entrer Théophé, & que l'étroite liaison qu'ils avoient eue avec elle leur faisoit compter d'en être reçus avec joie, ils distinguerent fort bien que sa réponse avoit été dictée; & loin de se rebuter d'un refus qu'ils n'attribuerent qu'à moi, à peine furent-ils certains que j'étois à la Ville qu'ils se rendirent tous deux à Oru. Théophé, dans le premier embarras de cette visite, leur dit honnêtement qu'après avoir connu mes intentions il ne lui étoit pas permis de consulter si son penchant lui faisoit souhaiter de les voir, & qu'elle les supplioit de ne pas l'exposer au danger de me déplaire. Ils la presserent si instamment de les entendre, & le terme qu'ils lui demanderent fut si court, que ne pouvant employer la violence pour s'en défaire, elle fut forcée d'avoir pour eux la complaisance qu'ils exigeoient.

Leur plan étoit dressé, & la Lettre par laquelle le Chevalier avoit tenté de se r'ouvrir quelqu'accès chez moi n'avoit été que l'effet d'un remord, à la veille d'une nouvelle entreprise dont l'honneur lui faisoit un scrupule. Quoique je ne lui eusse jamais expliqué ce que je pensois de ses anciennes idées d'Etablissement dans la Morée, & que je me fusse encore moins ouvert sur l'intérêt que j'y avois pris en découvrant qu'on y vouloit engager Théophé, il concevoit bien qu'elle n'auroit pas été traitée chez moi avec tant de soins & de distinctions, si je ne l'y eusse pas vue avec plaisir, & qu'il ne pouvoit la séduire ou l'enlever secretement sans m'offenser. Il auroit donc souhaité de me faire approuver son dessein, pour l'agrément de sa Maîtresse autant que pour l'intérêt de son Ami, & quoique j'eusse refusé de le voir, il ne désperoit pas encore de me le faire goûter après avoir obtenu le consentement de Théophé. Aussi n'épargna-t-il rien pour lui faire envisager autant d'utilité que de plaisir à se lier avec sa société. Mais elle n'avoit pas besoin de secours pour résister à des instances si badines.

Je m'occupois dans ce tems-là des préparatifs d'une Fête qui a fait beaucoup de bruit dans toute l'Europe. Les difficultés que j'avois rencontrés plusieurs fois dans les fonctions de mon Ministére n'avoient point empêché que je n'eusse toujours vécu fort honnêtement avec le Grand Visir Calaïli, & j'ose dire que la vigueur avec laquelle j'avois soutenu les priviléges de mon Emploi & l'honneur de ma Nation, n'avoient servi qu'à m'attirer de la considération parmi les Turcs. La Fête du Roi s'approchant, je pensois à la célébrer avec plus d'éclat qu'elle ne l'avoit été jusqu'alors. L'illumination devoit être magnifique, & ma Maison de Constantinople, qui étoit dans le Fauxbourg de Galata, étoit déja remplie de toute l'Artillerie que j'avois trouvée sur les Vaisseaux de notre Nation. Comme ces réjouissances éclatantes ne peuvent s'exécuter sans une expresse permission, je l'avois demandée au Grand Visir, qui me l'avoit accordée avec beaucoup de politesse. Mais la veille même du jour que j'avois choisi, & lorsque satisfait de mes soins j'étois retourné à Oru pour me délasser la nuit suivante, & pour ramener avec moi, le lendemain, Théophé, que je voulois avoir à ma Fête, j'y appris deux nouvelles qui troublerent ma joie. L'une, en arrivant: ce fut le détail de la visite du Chevalier & des efforts qu'il avoit faits pour engager Théophé à le suivre. Apprenant en même tems qu'il étoit plus uni que jamais avec Synese, je portai mes défiances beaucoup plus loin qu'elle, & je ne doutai presque point que sur son refus & sur le mien ils ne fussent capables de renouveller tous les desseins dont le Chevalier m'avoit fait l'aveu lui-même. Cependant j'en fus d'autant moins allarmé que devant la conduire le lendemain à Constantinople, j'avois tout le tems de prendre des mesures à l'avenir pour lui faire un azyle sûr de ma Maison d'Oru.

Mais lorsque je m'entretenois le soir avec elle de toutes les circonstances qu'elle m'avoit racontées, je reçus avis de mon Sécrétaire que le Grand Visir Calaïli venoit d'être déposé, & qu'on lui avoit donné pour Successeur, Choruli, homme d'un caractére hautain avec lequel je n'avois jamais eu de liaison. Je conçus tout d'un coup quel alloit être mon embarras.

barras. Ce nouveau Ministre pouvoit arrêter ma Fête, ne fut-ce que par le caprice qui porte ordinairement ses Pareils à changer l'ordre qu'ils trouvent établi, & à révoquer toutes les permissions accordées par leurs Prédécesseurs. Ma première pensée fut de feindre que j'ignorois ce changement, & de suivre les arrangemens que j'avois pris en vertu du *Fervan* de Calaïli. Cependant les différends, dont j'étois sorti avec honneur, m'obligeant peut-être à garder plus de ménagemens dans ma conduite, je pris enfin le parti de faire demander une autre permission au nouveau Visir, & je dépêchai un homme exprès pour l'obtenir. On le trouva si occupé des premiers embarras de son élévation, qu'il fut impossible à mon Secrétaire de se procurer un moment d'audience. Je n'appris que le lendemain qu'on n'avoit pu lui parler. Mon impatience augmentant, je me déterminai à me présenter moi-même à sa Porte. Il étoit au *Galike Divan*, d'où il ne devoit sortir que pour la Procession Solemnelle qui est en usage dans ces changemens. Je perdis l'espérance de le voir. Tous mes préparatifs étoient faits. Je revins à l'idée que j'avois eue d'abord, que la permission de Calaïli pouvoit me suffire, & je commençai mon illumination à l'entrée de la nuit.

On ne manqua point d'en avertir le Visir. Il en marqua beaucoup de ressentiment, & sur le champ il m'envoya un de ses Officiers, pour me demander quel étoit mon dessein, & de quel droit j'avois formé une entreprise de cette nature sans sa participation. Je répondis civilement qu'ayant obtenu depuis deux jours l'agrément de Calaïli, je n'avois pas cru que j'eusse besoin d'un nouveau Fervan, & que j'avois d'ailleurs non-seulement envoyé plusieurs fois, mais été moi-même chez lui pour le faire renouveller. L'Officier, qui avoit apparemment ses ordres, me déclara que la volonté du Vizir étoit que j'interrompisse aussitôt ma Fête, sans quoi il prendroit des voyes violentes pour m'y forcer. Cette menace m'échauffa le sang. Ma réponse ne fut pas moins vive,

& lorsque l'Officier irrité à son tour eût ajoûté que si je faisois quelque résistance, l'ordre étoit déja donné de faire avancer un détachement de Janissaires pour abbaisser ma présomption, je ne ménageai plus mes termes : Rapportez à votre Maître, lui dis-je, qu'un procédé tel que le sien est digne du dernier mépris, & que je ne sçais point trembler lorsqu'il est question de l'honneur de mon Roi. S'il en vient à l'extrêmité dont vous me menacez ma résolution n'est pas de me défendre contre des Ennemis qui m'accableront par le nombre ; mais je fais apporter dans cette Salle toute la poudre que j'ai ici en abondance, & j'y mets le feu moi même pour faire sauter ma Maison avec moi & tous mes Convives. C'est à mon Maître après cela que j'abandonnerai le soin de me vanger.

L'Officier se retira ; mais le bruit de cette avanture répandit aussi-tôt la consternation parmi tous les François que j'avois assemblés pour ma Fête. J'étois moi-même dans un transport de colére qui m'auroit rendu capable assurément d'exécuter les idées qui m'étoient venues à l'esprit. Et ne voulant point sur-tout qu'il parût dans ma conduite le moindre air de crainte, je donnai ordre qu'on fît sur le champ une décharge de toute mon Artillerie, qui étoit composée de plus de cinquante Piéces de Canon. Mes gens ne m'obéirent qu'en tremblant. Mon Sécrétaire plus allarmé que tous les autres crut me rendre un bon office, en allant éteindre une partie des Flambeaux & des Lampions, c'est-à-dire, en prenant soin d'en éteindre quelques-uns à différetes distances, pour être en état de répondre qu'on exécutoit l'ordre du Visir. Je ne m'en apperçus point tout d'un coup; mais la fuite d'une partie de mes Convives, qui craignoient sans doute que je n'en vinsse à l'extrêmité dont j'avois menacé l'Envoyé du Ministre, redoubla l'agitation où j'étois. Je traitai de lâches & de Traîtres ceux que mes efforts ne purent arrêter; & remarquant bientôt que l'éclat de mon illumination diminuoit, j'entrai dans une nouvelle fureur, en apprenant la timide précaution de mon Sécrétaire.

J'étois dans cette espéce de transport, lorsque j'entendis les cris d'une femme qui m'appelloit à son secours. Je ne doutai point que ce ne fût déja le détachement des Janissaires qui commençoit à insulter mes gens, & ne voulant rien entreprendre sans certitude, je courus vers le lieu d'où les cris partoient, accompagné de quelques Amis fidéles. Mais qu'apperçus-je ? Synese & le Chevalier, secondés de deux Grecs, enlevoient Théophé, qu'ils avoient eu l'adresse d'attirer à l'écart, & s'efforçoient de lui fermer la bouche d'un mouchoir, pour étouffer ses cris. Il n'étoit pas besoin de toute la chaleur qui m'animoit déja, pour faire monter ma fureur au comble. Main basse sur ces Perfides, dis-je à mes Compagnons. Je fus trop bien obéi. On se jetta sur les quatre Ravisseurs, qui firent mine néanmoins de se défendre. Les deux Grecs, ayant moins d'adresse ou de résolution, tomberent sous les premiers coups. Le Chevalier fut blessé, & Synese, à qui il ne restoit plus d'espérance, nous rendit son Epée. Je l'aurois peut-être fait arrêter, & dans le premier moment il n'auroit pas été traité avec indulgence, si l'on n'étoit venu m'avertir que le Visir appaisé par les apparences de soumission dont il étoit redevable à mon Sécrétaire, avoit contremandé ses Troupes, & s'étoit déclaré satisfait. La pitié trouva place aisément dans mon cœur, lorsque la colére en fut sortie. Il falloit même quelques précautions pour cacher la mort des deux Grecs. Je renvoyai Synese, en lui faisant beaucoup valoir ma bonté, & je donnai ordre que le Chevalier fût pensé soigneusement. N'ayant heureusement que des Chrétiens dans ma Maison, tout le monde s'y crut intéressé à tenir cette avanture ensévelie.

Cependant la mienne fut suivie de quelques autres événemens qui n'ont rapport à cet ouvrage que par l'occasion qu'ils donnerent à mon retour dans ma Patrie. A peine eus-je reçu les ordres du Roi, que je pensai à la conduite que j'allois tenir avec Théophé. Je l'aimois trop pour mettre en balance si je devois lui proposer de me suivre; mais je n'osois me promet-

-tre qu'elle y voulût consentir Ainsi mon embarras ne roulant que sur ses dispositions, je pris de longs détours pour les pénétrer. Elle m'en épargna une partie, par le doute qu'elle marqua elle-même, si je lui permettrois de l'accompagner. Je me levai avec transport, & lui engageant ma parole qu'elle me trouveroit toujours les sentimens qu'elle me connoissoit pour elle, je lui laissai le choix des conditions qu'il lui plaîroit de m'imposer. Elle me les expliqua naturellement : mon amitié, à laquelle tous les biens, me dit-elle obligeamment, lui paroissoient attachés, & la liberté de vivre comme elle avoit vécu chez moi jusqu'alors Je lui jurai d'être fidéle à les observer. Mais je lui fis approuver qu'avant notre départ je tentasse l'insensible Conoidi par de nouveau efforts. Elle prévit qu'ils seroient inutiles. En effet quoique je me fusse flatté contre son opinion qu'il deviendroit plus traitable en lui voyant quitter pour jamais la Turquie, je ne pus rien obtenir de ce Vieillard endurci, qui se figura au contraire que le prétexte de mon départ étoit un artifice que j'employois pour le tromper. Synese, que je n'avois pas vu, non plus que le Chevalier, depuis leur téméraire entreprise, n'eut pas plutôt appris qu'elle m'accompagnoit en France, que surmontant toutes ses craintes, il vint me supplier de permettre du moins qu'il fît ses derniers adieux à sa sœur. Cette qualité que le rusé Grec affecta de lui donner, & l'air de tendresse qu'il sçut mettre dans ses instances, me déterminerent non seulement à souffrir qu'il la vît sur le champ, mais à lui accorder plusieurs fois la même faveur jusqu'à notre départ. Les mesures que j'avois prises à la Campagne & à la Ville ne me laissoient rien à craindre pour la sûreté de ma Maison, & je connoissois trop bien Théohé pour me défier d'elle. Cette facilité fit naître néanmoins de nouvelles espérances à Synese. Il ne lui eut pas rendu quatre visites que demandant la liberté de m'entretenir, il se jetta à mes pieds, pour me conjurer de reprendre pour lui mes anciens sentimens de bonté ; & prenant le Ciel à témoin qu'il regarderoit

pendant

pendant toute sa vie Théophé comme sa sœur, il me proposa de le prendre avec moi, & de lui servir de Pere comme à elle. La nature de sa priére, ses larmes, & la bonne opinion que j'avois toujours eue de son caractére, m'auroient porté infailliblement à le satisfaire, si j'eusse pu me persuader que ce n'étoit pas l'amour qui se déguisoit sous de trompeuses apparences. Je ne lui fis point de réponse positive. Je voulus consulter Théophé, que je soupçonnai d'être d'intelligence avec lui, & de s'être laissée toucher par la force du sang ou par ses pleurs. Mais elle me répondit, sans balancer, qu'autant qu'elle m'eut sollicité pour obtenir cette grace, si elle étoit parvenue à quelque certitude d'être sa sœur, autant elle me supplioit de ne pas l'exposer à l'embarras perpétuel de ne sçavoir quelles maniéres elle devoit prendre avec un jeune homme qui avoit pour elle des sentimens trop passionnés, s'il n'étoit pas son frere. Ainsi le triste Synese fut réduit aux consolations qu'il trouva sans doute dans l'amitié du Chevalier, &

j'ai ignoré leur fortune depuis notre séparation.

Quelques semaines qui s'écoulerent entre l'ordre du Roi & mon départ, furent employées par Théophé à des occupations qui me fourniroient la matiére d'un Volume, si je cherchois à grossir ces Mémoires. Ses réfléxions lui avoient fait sentir autant que son expérience que le plus horrible de tous les malheurs pour une personne de son séxe étoit l'esclavage; & depuis qu'elle étoit à Oru, elle n'avoit pas perdu une seule occasion de s'informer quels étoient les Sérails les mieux remplis, & les Seigneurs les plus avides de cette sorte de richesses. A l'aide de quelques Marchands Esclaves, qui sont aussi connus à Constantinople que nos plus célébres Maquignons le sont ici, elle avoit découvert plusieurs filles malheureuses, Grecques ou étrangéres, qui se trouvoient engagées malgré elles dans cette triste condition, & son espérance avoit toujours été de faire jouer quelque ressort pour les en délivrer. Elle avoit bien compris que je ne pouvois demander successivement ces sortes de graces à tous les Seigneurs Turcs, & sa discrétion l'avoit empêchée d'un autre côté de me proposer trop souvent d'y employer mon revenu. Mais se voyant à la veille de partir, elle eut moins de timidité. Elle commença par se défaire de toutes les Pierreries qu'elle avoit reçues de Cheriber, & de plusieurs présens considérables que je lui avois fait accepter. Après m'avoir confessé qu'elle les avoit convertis en argent, elle m'apprit l'usage qu'elle vouloit faire de cette somme, & elle me pressa par les plus tendres motifs de la charité d'y joindre quelque partie de mon superflu. Je me dérobai dix-mille francs, que j'avois eu dessein de faire servir à l'âchat de diverses Curiosités du Levant. La curiosité ne m'a jamais porté à m'informer ce que Théophé y avoit mis du sien ; mais je vis bientôt chez moi plusieurs filles extrêmement aimables, dont elle n'avoit pu rompre les chaînes pour des sommes médiocres, & si l'on y joint la dépense qu'elle fut obligée de faire pour les renvoyer dans leur Patrie, on ne doutera point que ſes libéralités n'euſſent beaucoup ſurpaſſé les miennes. Je me fis pendant quelques jours un amuſement fort agréable d'écouter les avantures de cette Troupe charmante, & j'ai eu ſoin de les écrire preſqu'auſſi-tôt, pour n'avoir rien à craindre de l'infidélité de ma mémoire.

Enfin nous quittâmes le Port de Conſtantinople ſur un Vaiſſeau Marſeillois. Le Capitaine m'avoit prévenu ſur la néceſſité où il étoit de relâcher pour quelques ſemaines à Livourne, & je n'avois pas été fâché de trouver l'occaſion de voir ce Port célébre. Théophé donna des marques ſenſibles de joie en touchant le rivage d'Italie. L'*incognito* que mille raiſons m'obligeoient de garder m'ayant fait laiſſer toute ma ſuite à bord, je me logeai dans une Auberge, où je ne refuſai pas de manger dans la Compagnie de quelques honnêtes gens qui s'y trouvoient. Théophé paſſa pour ma fille, & moi pour un Homme ordinaire qui revenoit de Conſtantinople avec ſa famille. Dès le premier repas que nous fimes avec les autres Voyageurs, je vis l'attention d'un jenne François, âgé d'environ vingt-cinq ans, fort occupée des charmes de Théophé, & fes foins continuellement tournés à fe faire diftinguer d'elle par fes flatteries & fes politeffes. Sa figure auffi prévenante que fes maniéres, & le tour de fa converfation me le firent prendre pour un homme de qualité qui voyageoit fans fe faire connoître. Quoique le nom de Comte de M. Q. qu'il fe faifoit donner, ne me réveillât point l'idée d'une Maifon connue. Il me combla de civilités, parce qu'il me crut le Pere de Théophé. Je ne vis d'abord dans fes empreffemens que la galanterie ordinaire aux François, & pendant les promenades que je fis les jours fuivans dans la Ville, il ne me vint pas même à l'efprit qu'il y eût quelque rifque à laiffer Théophé feule, avec une femme de fa Nation qui la fervoit.

Cependant en moins de huit jours je m'apperçus qu'il s'étoit fait quelque changement dans fon humeur. La feule fatigue du voyage ayant pu lui caufer quelqu'altération, cette remarque me causa peu d'inquiétude ; je lui demandai néanmoins si elle avoit quelque sujet de tristesse ou de plainte. Elle me répondit qu'elle ne connoissoit rien qui pût la chagriner ; mais cette réponse se fit avec un air d'embarras, qui m'auroit fait ouvrir les yeux tout d'un coup, si j'avois été capable de quelque défiance. D'ailleurs j'ignorois que le Comte de M.... passât à l'entretenir tout le tems que j'employois à visiter les curiosités de la Ville. Nous fûmes quinze jours à Livourne sans que le moindre incident eût pu servir à me faire veiller de plus près sur ce qui se passoit autour de moi. Si je revenois avant l'heure du repas, je trouvois Théophé seule, par le soin que le Comte avoit de se retirer à mon arrivée. Je continuois de lui trouver l'air plus sombre & plus contraint, mais ne voyant aucune autre marque de l'altération que j'avois appréhendée pour sa santé, je croyois assez combattre ces apparences de mélancolie, en lui promettant qu'elle trouveroit plus d'agrément en France que dans une Auberge d'Italie.

Il est certain que je lui voyois à table plus de familiarité qu'une connoissance passagére ne devoit lui en donner avec le Comte. Ils paroissoient s'entendre par un clin d'œil où par un soûrire. Leurs regards se rencontroient souvent, & les politesses du Comte étoient reçues d'un autre air qu'elles ne l'avoient été les premiers jours. Cependant comme il auroit fallu des miracles pour me tourner l'esprit à la défiance après de si longues preuves de la sagesse & de l'insensibilité même de Théophé, je trouvois mille raisons de l'excuser. Elle avoit assez de goût naturel pour avoir reconnu dans les maniéres nobles du Comte la différence de notre politesse & de celle des Turcs. Elle étudioit le Comte comme un modéle. Ces excuses que je me portois naturellement à lui prêter étoient d'autant plus vraisemblables, que je m'étois apperçu mille fois qu'elle m'avoit étudié moi-même, & que sans trouver en moi autant d'élégance & de finesse que dans le Comte, elle en avoit tiré une utilité sensible pour l'imitation de nos maniéres. Il se passa encore plus de huit jours avant que j'eusse laissé prendre naissance au moindre soupçon, & je n'ai jamais pénétré quelle auroit pu être la fin de ce commerce secret, si le hazard ne m'eût un jour ramené dans un moment où j'étois si peu attendu, qu'entrant subitement dans la chambre de Théophé, je surpris le Comte à ses genoux. La vûe d'un Serpent, qui m'auroit soufflé son poison, n'eût pas répandu plus de trouble & de consternation dans tous mes sens. Je me retirai assez heureusement pour m'assurer que je n'avois point été apperçu. Mais retenu malgré moi-même à la porte par mes craintes, par mes soupçons, par mes noirs transports, je cherchai à redoubler le désespoir qui me rongeoit le cœur en observant tout ce qui pouvoit me faire trouver Théophé plus coupable. A la vérité, je ne découvris rien dont la modestie fût blessée. Cependant je demeurai jusqu'à l'heure du diner, dans le poste où j'étois, m'agitant avec autant d'impatience que si j'eusse souhaité de voir ou d'entendre ce que j'appréhendois le plus mortellement.

Quelle raison avois-je d'être jaloux ? Quel engagement Théophé avoit-elle avec moi ? Que m'avoit-elle fait espérer ? Que m'avoit-elle promis ? Au contraire, n'avois-je pas renoncé à toutes sortes de prétentions sur son cœur, & la liberté de suivre ses inclinations, n'étoit-elle pas l'un des deux articles que je lui avois accordés ? J'en convenois avec moi-même ; mais il me paroissoit cruel que ce cœur que je n'avois pu attendrir l'eût été si facilement par un autre. En supposant qu'elle put devenir capable d'une foiblesse, j'aurois souhaité que ce n'eût point été comme au hazard, & sur le premier coup d'œil d'un inconnu. Ou pour découvrir tout le fond de mes sentimens, j'étois piqué que ces apparences de sagesse que j'avois respectées, se fussent sitôt démenties. Je rougissois même d'avoir été la dupe de ces belles maximes qui m'avoient été répétées tant de fois avec tant d'affectation, & je me reprochois moins ma bonté que ma crédulité & ma foiblesse.

Avec beaucoup de confusion &

de dépit, il se mêla tant de malignité dans ces réfléxions, que loin d'interprêter favorablement la retenue où j'avois vû le Comte auprès d'elle, je me sentis porté à croire que c'étoit le repos d'un Amant satisfait, qui ne marquoit peut-être d'empressement que parce qu'il avoit déja obtenu tout ce qui pouvoit piquer ses désirs. Quels nouveaux transports cette pensée ne me fit-elle point éprouver ? Mais j'avois assez d'empire sur mes mouvemens extérieurs pour ne rien entreprendre témérairement. Dans le dessein que je formai de surprendre la cruelle Théophé au milieu de ses plaisirs, je me ménageai un entretien avec sa Suivante, moins pour lui faire des ouvertures que je ne voulois pas risquer légerement, que pour tirer d'elle-même celles que sa simplicité laisseroit échapper ; c'étoit une Grecque, que j'avois substituée à Bema, & qui s'étoit engagée volontairement à mon service. Mais soit qu'elle eut plus d'attachement pour la Maîtresse que je lui avois donnée que pour moi-même, soit qu'elle fut trompée comme moi par l'adreffe du Comte & de Théophé, je n'appris d'elle que leurs fréquentes entrevûes, dont il ne me parut pas même qu'elle cherchât à me faire un myftére.

Je me gardai bien de m'éloigner de notre logement, & feignant qu'une incommodité m'y retenoit malgré moi ; je ne quittai point Théophé pendant le refte du jour. Le Comte nous fit demander dans l'après midi la liberté de nous tenir compagnie. Loin de m'y oppofer, je fus charmé qu'il vint s'offrir à mes obfervations, & pendant plus de quatre heures tous fes difcours & fes mouvemens en firent l'unique fujet. Il ne fe trahit par aucune indifcrétion ; mais je remarquai avec quelle adreffe il fit entrer dans notre entretien tout ce qui pouvoit augmenter l'inclination que je fuppofois pour lui à Théophé. Il nous raconta quelques-unes de fes avantures galantes, où la tendreffe & la conftance étoient toujours des vertus par lefquelles il s'étoit fignalé. Soit vérité ou fiction, il avoit aimé uniquement une Dame Romaine, qui lui avoit fait acheter d'abord affez cher la conquête de fon cœur, mais qui n'avoit pas plutôt connu le fond de fon caractére, que fe livrant à lui fans réferve, elle n'avoit plus mis de bornes à fa tendreffe. C'étoit cette avanture qui l'avoit arrêté depuis deux ans en Italie, & qui lui auroit fait oublier éternellement fa Patrie, fi le plus horrible de tous les malheurs n'eût rompu malgré lui une fi belle chaîne. Après avoir joui long-tems de fes amours dans une parfaite tranquillité, le mari de fa Maîtreffe s'étoit apperçu de leur commerce. Il leur avoit fait avaller dans un repas le même poifon. La jeune Dame en étoit morte ; & pour lui, la force de fon tempérament l'avoit fauvé ; mais ne s'étant rétabli que pour apprendre la mort de ce qu'il aimoit, fa douleur l'avoit replongé tout d'un coup dans un état plus dangereux que celui dont il fortoit. Défefpéré qu'elle n'eût pas néanmoins plus d'effet que le poifon, il avoit cherché la mort par une voie moins criminelle que s'il fe l'étoit donnée de fa propre main, mais qu'il avoit crue presqu'aussi certaine. Il s'étoit présenté au mari dont il avoit mérité la haine, & lui ayant reproché mille fois sa barbarie, il lui avoit offert, en lui découvrant son estomac, la victime qui lui étoit échappée. Il prenoit le Ciel à témoin qu'il avoit cru sa mort infaillible & qu'il l'auroit supportée volontiers. Mais ce cruel Mari, le raillant de son transport, lui avoit répondu froidement que loin de penser davantage à lui donner la mort, il voyoit avec joie qu'il ne pouvoit être mieux vangé qu'en lui laissant la vie, & qu'il se réjouissoit sincérement qu'il se fût sauvé d'un poison qui auroit trop tôt fini ses peines. Il avoit mené depuis ce tems-là une vie déplorable, errant dans toutes les Villes d'Italie, pour effacer des images qui faisoient de sa situation un supplice perpétuel, & cherchant à réparer les pertes de son cœur dans le commerce de tout ce qu'il avoit trouvé de femmes aimables. Mais il étoit arrivé à Livourne sans avoir senti le moindre changement dans un cœur que la tristesse avoit toujours défendu contre l'amour.

C'étoit assez faire entendre que ce miracle étoit réservé à Théophé. Je ne m'étois point apperçu néanmoins de cette profonde mélancolie, qui devoit être encore sensible à notre arrivée, si ce n'étoit que depuis ce tems-là qu'il en étoit guéri. Mais l'attention avec laquelle je vis Théophé prêter l'oreille à toutes ces fables ne me permit point de douter qu'elles ne fissent sur elle toute l'impression qu'il désiroit. Le soir arriva. Je l'attendois avec impatience pour éclaircir des soupçons beaucoup plus terribles. La chambre de Théophé étoit voisine de la mienne. Je me levai aussi-tôt que mon Valet de chambre m'eut mis au lit, & je cherchai quelqu'endroit d'où je pusse découvrir tout ce qui s'approcheroit de notre appartement.

Cependant je sentois un remord cruel de l'outrage que je faisois à l'aimable Théophé ; & dans l'agitation de mille sentimens qui combattoient en sa faveur, je me demandois si mes noires défiances étoient assez bien fondées pour autoriser des observations si injurieuses. La nuit se passa toute entiére sans qu'il se présentât rien qui pût blesser mes yeux. Je m'approchai même plusieurs fois de la porte. J'y prêtai curieusement l'oreille. Le moindre bruit réveilloit mes soupçons, & je fus tenté sur un léger mouvement que je crus entendre, de frapper brusquement pour me faire ouvrir. Enfin, j'allois me retirer au lever du Soleil, lorsque la porte de Théophé s'ouvrit. Un frisson mortel me glaça le sang tout d'un coup; c'étoit elle-même qui sortoit avec sa Suivante. Cette diligence à se lever me causa d'abord un autre trouble; mais je me souvins qu'elle m'avoit averti plusieurs fois que dans la chaleur excessive où nous étions, elle alloit prendre l'air au Jardin, qui donnoit sur la Mer. Je la suivis des yeux, & je ne fus rassuré qu'après lui avoir vû prendre ce chemin.

Il semblera que je devois être satisfait de l'emploi que j'avois fait de la nuit, & qu'après une épreuve de cette nature, il ne me restoit qu'à m'aller livrer au sommeil, dont je me sentois un extrême besoin. Cependant mon cœur n'étoit qu'à demi foulagé. Le mouvement que j'avois entendu dans la chambre me laiſoit encore des doutes. La clef étoit reſtée à la porte. J'y entrai, dans l'eſpérance de trouver quelque veſtige de ce qui m'avoit allarmé. C'étoit peut-être une chaiſe ou un rideau que Théophé avoit elle-même remué. Mais en portant un œil curieux dans toutes les parties de la chambre, j'apperçus une petite porte, qui donnoit ſur un eſcalier dérobé, & que je n'avois point encore eu l'occaſion de remarquer. Toutes mes agitations ſe renouvellerent à cette vûe. Voilà le chemin du Comte, m'écriai-je douloureuſement. Voilà la ſource de ma honte; & celle de ton crime, miſérable Théophé! Je ne pourrois donner qu'une foible idée de l'ardeur avec laquelle j'examinai tous les paſſages, pour m'aſſurer où l'eſcalier pouvoit conduire. Il conduiſoit dans une Cour écartée, & la porte qui étoit au pied paroiſſoit fermée ſoigneuſement. Mais ne pouvoit-elle pas avoir été ouverte pendant la nuit? Il me vint à l'eſprit que

que si j'avois des lumiéres certaines à espérer, c'étoit au lit même de Théophé, qui étoit encore en desordre. Je saisis avidemment cette pensée. Je m'en rapprochai avec un redoublement de crainte, comme si j'eusse touché à des éclaircissemens qui emportoient la derniére conviction. J'observai jusqu'aux moindres circonstances, la figure du lit, l'état des draps & des couvertures. J'allai jusqu'à mesurer la place qui suffisoit à Théophé, & à chercher si rien ne paroissoit foulé hors des bornes que je donnois à sa taille. Je n'aurois pu m'y tromper ; & quoique je fisse réfléxion que dans une grande chaleur elle pouvoit s'être agitée pendant le sommeil, il me sembloit que rien n'étoit capable de me faire méconnoître ses traces. Cette étude, qui dura long-tems, produisit un effet que j'étois fort éloigné de prévoir. N'ayant rien découvert qui n'eut servi par dégrés à me rendre plus tranquille; la vûe du lieu où ma chere Théophé venoit de reposer, sa forme que j'y voyois imprimée, un reste de chaleur que j'y trouvois encore, les esprits qui s'étoient exhalés d'elle par une douce tranſpiration, m'attendrirent juſqu'à me faire baiſer mille fois tous les endroits qu'elle avoit touchés. Fatigué comme j'étois d'avoir veillé toute la nuit, je m'oubliai ſi entiérement dans cette agréable occupation, que le ſommeil s'étant émparé de mes ſens, je demeurai profondément endormi dans la place même qu'elle avoit occupée.

Elle étoit pendant ce tems-là au Jardin, où il n'étoit pas ſurprenant qu'elle eût trouvé le Comte, parce que c'étoit un uſage comme établi dans la maiſon d'aller prendre l'air de la Mer avant la chaleur du jour. Il s'y rendoit même diverſes perſonnes du voiſinage, ce qui lui donnoit l'air d'une promenade publique. Le hazard voulut que le même jour le Capitaine d'un Vaiſſeau François qui étoit entré la veille au Port, s'y trouvât avec quelques Paſſagers qu'il ramenoit de Naples. La vûe de Théophé, qu'il étoit difficile de regarder ſans admiration, attira ces Étrangers autour d'elle, & le Comte qui reconnut le Capitaine pour un François, le prévint par quelques politesses qui faciliterent leur liaison. Il apprit de lui non-seulement ce qui regardoit ses propres affaires, mais une partie des miennes, c'est-à-dire que le Capitaine, qui avoit vû notre Vaisseau en arrivant au Port, s'étoit informé de quelques Matelots qui s'étoient trouvés sur les Ponts, d'où ils venoient & qui ils amenoient avec eux; & ces gens grossiers à qui je n'avois pas pris soin de recommander le silence en quittant leur bord, m'avoient fait connoître par l'Emploi que je venois d'occuper. Le Comte entendant parler de moi sous ce titre fut extrêmement surpris d'avoir ignoré que je fusse à Livourne, quoiqu'il parût par le discours du Capitaine que j'y devois être depuis plusieurs jours. En rappellant toutes ses idées, il ne douta point que je ne fusse celui qu'on nommoit, & que je n'eusse souhaité par quelque raison de demeurer inconnu. Mais ne pouvant modérer le premier mouvement qui lui fit tourner ses réfléxions sur Théophé, il lui marqua quelque confusion de ne lui avoir pas rendu avec plus de soin ce qu'il croyoit devoir à ma fille. Mais ce qui m'a toujours persuadé, sans l'avoir mieux connu, qu'il n'étoit pas d'une naissance commune, c'est que formant sur les lumiéres qu'il venoit de recevoir un dessein qui ne lui étoit point encore entré dans l'esprit, il résolut d'offrir sa main à Théophé, dans la supposition que j'étois son Pere. Ce projet qu'il chercha l'occasion de lui faire goûter avant que de sortir du Jardin, rendit leur promenade beaucoup plus longue; de sorte que la matinée étoit fort avancée, lorsque lui ayant donné la main pour la conduire, il la remit dans son appartement.

Elle avoit reçu sa proposition avec tout l'embarras qu'on peut s'imaginer, & comprenant tout d'un coup qu'elle ne la devoit qu'à la fausse opinion qu'il avoit de sa naissance, elle s'étoit défendue par des excuses vagues dont il n'avoit pas pénétré le sens. Cependant n'en étant pas moins ferme dans sa résolution, il lui dit en entrant chez elle, qu'il ne laisseroit point passer le jour, sans me faire l'ouverture de ſes ſentimens ; & ſi quelque choſe a pu me faire juger favorablement de leur commerce, c'eſt autant la facilité qu'il eut à le rompre après la ſcéne que je vais rapporporter, que le déſir qu'il avoit eu de ſe lier ſérieuſement à elle par le nœud du mariage. J'étois encore dans la poſture où le ſommeil m'avoit ſaiſi, c'eſt à-dire, couvert à la vérité d'une Robbe de chambre, mais couché dans le lit de Théophé ; & le bruit qu'on avoit fait en ouvrant la Porte m'ayant ſubitement réveillé, j'avois entendu les derniéres paroles du Comte. Je me ſerois bien gardé de paroître, & malgré le chagrin que j'avois de me voir ſurpris, j'aurois profité de ma ſituation pour entendre la ſuite de leur entretien. Mais les rideaux du lit étant ouverts, le Comte fut le premier qui jetta les yeux ſur moi. Il n'eut pas de peine à diſtinguer que j'étois un homme. Que vois-je ? dit-il avec le dernier étonnement. Théophé qui m'apperçut preſqu'auſſi-tôt, jetta un cri auquel la frayeur eut autant de part que la confuſion. J'aurois tenté inutilement de me dérober. La seule ressource qui s'offrit à mon esprit fut de me faire un effort pour composer mon visage à la joie, & de tourner en badinage une avanture à laquelle je ne pouvois donner une meilleure face. J'ai trouvé votre Porte ouverte, dis-je à Théophé, & n'ayant pû gouter un moment de repos cette nuit, je me suis imaginé que votre lit seroit plus favorable au sommeil que le mien. Elle avoit jetté d'abord un cri de honte & d'embarras, mais ne trouvant rien dans ses réfléxions qui pût lui servir à expliquer une avanture si peu convenable aux termes où je vivois avec elle, son silence exprimoit son incertitude & son trouble. D'un autre côté le Comte, qui crut pénétrer tout d'un coup ce qu'il n'avoit pas même soupçonné, me fit des excuses d'une indiscrétion qu'il se reprocha comme un crime ; & m'assurant qu'il me respectoit trop pour troubler mes plaisirs, il prit congé de moi dans des termes ausquels je remarquai facilement que je ne lui étois plus inconnu.

Je demeurai seul avec Théophé.

Malgré l'effort que j'avois fait pour affecter une contenance riante, il me fut difficile de ne pas retomber dans un embarras qui étoit beaucoup augmenté par le sien. Je ne vis point d'autre voie pour sortir de cette contrainte, que de lui avouer ouvertement les défiances que j'avois de sa conduite; d'autant plus que les promesses que j'avois entendues de la bouche du Comte étoient un nouveau sujet d'inquiétude sur lequel je brûlois de recevoir des explications. Son visage devint aussi pâle en écoutant mes premiers reproches, qu'il s'y étoit répandu de rougeur, lorsqu'elle m'avoit apperçu sur son lit. Elle m'interrompit néanmoins d'un air tremblant, pour me protester que je l'outrageois par mes soupçons, & qu'il ne s'étoit rien passé entr'elle & le Comte qui blessât les principes que je lui connoissois. Un désaveu si absolu porta mon ressentiment jusqu'à l'indignation. Quoi? perfide, lui dis-je, comme si j'avois eu quelque droit de lui reprocher sa trahison, je n'ai pas vu le Comte à vos genoux? Vous ne l'avez pas traité depuis notre séjour à Livourne avec des complaisances que vous n'avez jamais eues pour moi ? Il ne vous a pas promis à ce moment de ne rien épargner aujourd'hui pour s'assurer le bonheur d'être à vous ? Qu'entendoit-il par cette promesse ? Parlez. je veux le sçavoir de vous-même. Je ne serai pas toute ma vie le jouet d'une ingrate, à qui ma tendresse & mes bienfaits n'ont jamais inspiré pour moi que de la dureté & de la haine.

Il falloit que mon emportement fût au comble pour me faire employer des termes si durs. Elle n'avoit jamais reçu de moi que des protestations d'estime & d'amour, ou des plaintes si tendres qu'elle avoit du se croire respectée jusques dans les reproches de ma douleur. Aussi fut elle si consternée de m'entendre, que versant bientôt un ruisseau de larmes, elle me pria d'écouter ce qu'elle avoit à dire pour sa défense. Je la forçai de s'asseoir ; mais l'amertume de mon cœur l'emportant encore sur la pitié qu'elle m'inspiroit déja par sa tristesse, je ne changeai rien à la sévérité de ma voix & de mon visage. Après

Après m'avoir répété, avec de nouvelles protestations, qu'elle n'avoit rien accordé au Comte dont elle eût à se faire un reproche, elle me confessa non seulement qu'il l'aimoit, mais que par un changement qu'elle avoit peine elle-même à comprendre, elle s'étoit sentie prévenue pour lui d'une violente inclination. Il est vrai, continua-t-elle, que j'ai moins combattu ce penchant que je ne le devois suivant mes propres maximes; & si j'ose vous en déclarer la raison, c'est que ne lui croyant aucune connoissance de mes misérables avantures, je me suis flatté de pouvoir rentrer avec lui dans les droits ordinaires d'une femme qui a pris l'honneur & la vertu pour son partage. Il m'a dit qu'il faisoit son séjour ordinaire dans une Campagne. C'est encore une raison pour me persuader qu'il n'apprendra jamais mes malheurs; & tant qu'il vous a pris pour un Négociant, je n'ai pas cru que ce fût le tromper d'une maniére désavantageuse pour lui que de le laisser dans l'opinion que j'étois votre fille. Cependant je dois vous avouer, ajouta-

II. Partie. Q

t-elle, que depuis qu'il connoît votre rang, & que cette connoissance lui a fait prendre la résolution de vous offrir sa main pour moi dès aujourd'hui, j'ai senti des scrupules que je n'aurois pas tardé à vous communiquer. Voilà le fond de mes sentimens, ajouta-t-elle, & quand vous l'avez vu à mes genoux, je ne l'ai ni souffert dans cette posture, ni autorisé à la prendre par des complaisances criminelles.

Elle parut se rassurer après cette ouverture, & comptant que j'allois approuver ses intentions, elle me regarda d'un oëil plus tranquille. Mais l'opinion qu'elle avoit de son innocence étoit précisément ce qui causoit mon désespoir. J'étois mortellement irrité qu'elle fît si peu d'attention à mes sentimens, ou qu'elle en fut si peu touchée, qu'elle ne parût pas même occupée de la crainte de m'affliger, & qu'elle n'eût rien à combattre pour se livrer à une nouvelle inclination. Cependant la honte me fit renfermer ce cruel dépit au fond de mon cœur, & prenant les choses du côté que le bon sens devoit les présenter, j'en veux croire vos protestations, lui dis-je, & je ne dois pas me persuader aisément que vous m'ayiez trompé par de fausses apparences de vertu; mais si le Comte me connoît, quelle espérance avez-vous qu'il puisse vous prendre pour ma fille, lorsqu'il sçait ou qu'il ne peut ignorer long-tems que je n'ai jamais été marié? S'il le sçait déja, vous avez trop d'esprit pour ne pas sentir que ses intentions ne peuvent être sincéres, & qu'il ne pense qu'à se faire un amusement de votre commerce. S'il l'ignore & que son erreur le fasse penser aujourd'hui à vous épouser comme ma fille, ce dessein ne s'évanouira-t-il pas en apprenant que je ne suis pas votre Pere? Mais vous ne l'avez que trop conçu, repris-je, en cédant à la jalousie qui me déchiroit; vous n'êtes pas assez simple pour vous être flatée qu'un homme de condition vous épouseroit au hazard. Il vous a plu. Vous n'avez consulté que le mouvement de votre cœur, & peut-être vous a-t-il emporté beaucoup plus loin que vous n'osez le confes-

Q ij

fer. Pourquoi vous figurez-vous que je suis dans votre chambre ? ajoûtai-je avec une nouvelle amertume. C'eſt que j'ai découvert malgré vous votre intrigue. J'ai lû votre paſſion dans vos yeux, dans vos diſcours, dans toutes les circonſtances de votre conduite. J'ai voulu vous ſurprendre & vous couvrir de honte. Je l'aurois fait cette nuit, ſi la force de mon ancienne tendreſſe ne m'eût encore porté à garder des ménagemens. Mais comptez que j'ai tout vû, tout entendu, & qu'il faut être auſſi foible que je le ſuis encore, pour vous marquer ſi peu de mépris & de reſſentiment.

On pénétre ſans peine quel étoit le but de ce diſcours. Je voulois me délivrer abſolument des doutes qui me tourmentoient encore, & je feignis d'être bien inſtruit de tous les ſujets de mes craintes. Les déſaveus de Théophé furent ſi nets, & les marques de ſa douleur ſi naturelles, que s'il y avoit quelque fond à faire ſur les juſtifications d'une femme qui a autant d'eſprit que d'amour, il ne me ſeroit peut-être pas reſté la moindre défiance de ſa ſincérité. Mais ce n'est point encore ici que je m'en remets au Jugement de mes Lecteurs. Le Procès de mon ingrate n'est instruit qu'à demi.

Tout le tems qui restoit jusqu'à l'heure du diner fut employé entre elle & moi dans d'autres discussions, dont je ne tirai pas plus de lumiéres. On nous avertit enfin qu'on avoit servi. J'étois impatient de voir quelle figure les deux Amans alloient faire en ma présence, & ma curiosité étoit sur tout pour le premier compliment que j'allois recevoir du Comte. Théophé avoit sans doute autant d'embarras, que moi d'impatience. Mais je ne vis point le Comte à Table ; ce ne fut que dans l'entretien que j'eus avec les Convives, que j'appris qu'il étoit parti dans une Chaise de poste, après avoir fait ses adieux à toute la maison. Quelque sujet d'étonnement que je trouvasse dans cette nouvelle, j'affectai de ne faire aucune réfléxion sur son départ, & jettant seulement les yeux sur Théophé, j'observai qu'elle se faisoit une violence extrême pour ne laisser paroître aucune mar-

Q iij

que d'altération. Elle se retira dans sa chambre après le diner. Je l'aurois suivie sur le champ, si je n'eusse été retenu par le Capitaine François dont j'ai parlé, qui ayant eu jusqu'alors la discrétion de ne pas témoigner qu'il me connût, s'approcha ensuite de moi pour me faire les civilités qu'il crût me devoir. J'ignorois encore par quelle avanture il avoit découvert mon nom. En m'expliquant avec lui, j'appris non-seulement ce qui s'étoit passé au Jardin, mais les raisons qui avoit causé la fuite du Comte. Le Capitaine m'en fit des excuses, comme s'il eût appréhendé mes reproches. N'étant pas prévenu, me dit-il, sur l'opinion que vous avez fait prendre ici de la jeune personne qui est avec vous, j'ai satisfait naturellement aux questions du Comte. Il m'a parlé de votre fille. J'ai eu l'imprudence de lui répondre que vous n'en aviez point, & sans vous connoître personnellement, je sçavois avec toute la France que vous n'êtes point marié. Il m'a fait répéter plusieurs fois cette réponse, & j'ai conçu, par quelques détails, que mon indiscrétion peut avoir dérangé vos vûes?

J'assurai le Capitaine qu'il ne m'avoit donné aucun sujet de plainte, & que si j'avois déguisé mon nom ou pris quelqu'autre masque à Livourne, c'étoit uniquement pour me délivrer de l'embarras des cérémonies. Je ne lui donnai pas d'autre motif pour me laisser dans l'obscurité où je voulois demeurer. Mais il me fut aisé de juger qu'en cessant de prendre Théophé pour ma fille, le Comte s'étoit figuré qu'elle étoit ma Maîtresse. L'état où il m'avoit surpris dans sa chambre avoit dû lui faire naître cette pensée; & dans la confusion de s'être engagée avec elle, il n'avoit pas trouvé d'autre ressource que celle de partir aussitôt sans la voir. Je me hâtai de retourner à la chambre de Théophé. Je ne fis qu'entrevoir son abattement; car à peine m'eut-elle apperçu, que s'excitant à prendre un visage tranquille, elle me demanda en souriant si je n'étois pas bien surpris de la résolution précipitée du Comte. Vous voyez, ajoûta-t-elle, que

Q iiij

ses sentimens n'ont jamais été bien vifs, puisqu'il a pu les perdre en un moment jusqu'à partir sans me dire adieu. Je feignis de ne pas voir plus loin que cette joie contrefaite. Il vous aimoit sans transport, lui dis-je d'un ton sérieux, & si les témoignages n'ont pas été plus ardens que les effets, cette passion n'a pas dû lui faire oublier sa Dame Romaine. Notre entretien, qui dura tout l'après midi, ne fut ainsi qu'un déguisement continuel; Théophé affectant toujours de paroître peu sensible à sa perte, tandis qu'avec une satisfaction maligne, qui venoit sans doute de l'espérance que je sentois renaître au fond de mon cœur, je continuois de rabaisser la passion du Comte, & de parler de son départ comme d'une grossiéreté & d'un outrage. Elle soutint cette scéne avec beaucoup de force. Le Capitaine du Vaisseau qui m'avoit amené m'ayant paru disposé dès le même soir à remettre à la voile aussi-tôt que j'y consentirois moi-même, je ne lui demandai que le jour suivant pour m'y préparer. C'étoit moins la nécessité de mes affaires qui me faisoit souhaiter le délai d'un jour, que les ménagemens que je croyois nécessaires à la santé de Théophé. J'avois trop bien remarqué les efforts qu'elle se faisoit continuellement pour cacher sa tristesse, & je voulois m'assurer que son tempérament n'en souffriroit point.

Elle se soutint jusqu'à notre embarquement; mais à peine crut-elle avoir perdu l'espérance de revoir le Comte, que ne résistant plus aux mouvemens de son cœur, elle se fit mettre au lit, d'où elle ne sortit point jusqu'à Marseille. Je lui rendis tous les soins que le devoir m'auroit fait rendre à ma fille, ou l'amour à une Maîtresse chérie. Cependant je ne pus la voir dans cette langueur pour un autre, sans éprouver que la plus vive tendresse se réfroidit enfin par la dureté & l'ingratitude. Insensiblement je m'apperçus que mon cœur devenoit plus libre, & que sans perdre le dessein d'être utile à Théophé, je n'étois plus agité de ces moumens inquiets qui avoient été depuis plusieurs annnées ma situation presqu'habituelle. J'eus le loisir de reconnoître ce changement, pendant un calme de plus de huit jours, qui nous arrêta vers l'entrée de la Mer de Genes. Il n'y a point d'exemple d'une si parfaite tranquillité dans l'air & dans les flots. Nous n'étions pas à six lieues de la Côte, & la surface de l'eau étant si immobile que nous nous trouvions comme fixés dans le même lieu, j'eus plus d'une fois la pensée de me mettre dans la Chalouppe avec Théophé & quelques-uns de mes gens, pour gagner la terre à force de rames. Je me serois épargné une vive allarme, de la part de quelques Misérables, qui s'abandonnant à leur imagination dans l'oisiveté, entreprirent de se rendre maîtres du Vaisseau par le meurtre du Capitaine & des autres Officiers. Cette conspiration étoit peut-être méditée avant notre départ; mais l'occasion de l'exécuter n'avoit jamais été si belle. Nous avions à bord cinq Italiens & trois Provençaux, qui n'y étoient comme moi qu'avec la qualité de Passagers; gens qui par leur équipage & leurs maniéres

n'avoient pu tenter le Capitaine &
moi de former avec eux la moindre
liaison. Ils n'en avoient eu qu'avec
quelques Matelots de leur Pays,
avec lesquels ils étoient à boire continuellement ; & c'étoit dans ces
agréables parties qu'ils avoient concerté de poignarder le Capitaine &
son Lieutenant, assez sûrs de trouver peu de résistance dans le reste
de l'Equipage, qui étoit en fort petit nombre. Leur dessein à l'égard
de moi & de mes gens, étoit de nous
jetter sur quelque rivage écarté de
l'Isle de Corse, & de se saisir de
tout ce que j'avois apporté avec
moi. Par un soin extraordinaire de
la Providence, mon Valet de chambre s'endormit sur les Ponts dans
l'obscurité de la nuit. Il y fut réveillé par les discours de ces malheureux Assassins, qui s'étant assemblés pour régler l'exécution de
leur entreprise, distribuoient entre
eux les principaux rolles, & faisoient déja le partage de l'autorité
& du butin. L'usage du Capitaine
étant de paroître à la fin du jour sur
le Tillac, il fut résolu qu'on se dé-

feroit de lui au même moment, tandis que deux des complices frapperoient à la Cabane du Lieutenant, pour lui couper la gorge aussi-tôt qu'il ouvriroit sa porte. Les autres devoient être répandus dans le Vaisseau, & tenir tout le monde dans le respect par leurs menaces & par la vûe de leurs armes. En convenant de me traiter avec quelque sorte de respect & de me laisser dans l'Isle de Corse avec mes gens, il se trouva quelqu'un qui proposa de garder Théophé, comme la plus précieuse partie de mes biens. Mais après une délibération de quelques momens, on reconnut qu'une si belle femme ne serviroit qu'à jetter de la division dans la société, & la conclusion fut de la mettre à terre avec moi.

Quoique tremblant d'une si horrible découverte, mon Valet de chambre eut assez de présence d'esprit pour concevoir que nous n'avions de salut à espérer que par la diligence & le secret. Il étoit environ minuit. Le Ciel, qui nous favorisoit, lui fit trouver le moyen de se couler au long du Tillac & de gagner la chambre du Capitaine, qui communiquoit heureusement à la mienne. Il nous réveilla avec la même discrétion, & commençant par nous exhorter au silence, il nous fit un affreux récit du malheur qui nous menaçoit. Les ténèbres l'avoient empêché non-seulement de reconnoître les Conjurés, mais de pouvoir s'assurer de leur nombre. Cependant ayant distingué les plus mutins à la voix, il nous en nomma quelques-uns, & sur le jugement qu'il en avoit porté ils pouvoient être au nombre de douze. Je ne m'attribuerai point une fausse gloire si je vante mon intrépidité ; & les exemples en étoient assez connus. Huit Domestiques que j'avois à ma suite, le Capitaine, son Lieutenant, & moi, nous composions déja onze personnes qui étoient capables de quelque défense. Il restoit plusieurs Matelots dont la fidélité n'étoit pas suspecte, & quelques autres Passagers aussi intéressés que nous à se garantir des insultes d'une troupe de Brigands. La difficulté n'étoit qu'à nous rassembler ; je pris sur moi ce soin, & faisant allumer aussi-tôt plusieurs flambeaux, je sortis bien armé & suivi de tous mes gens, à qui je fis prendre aussi des armes. Je joignis sans obstacle tous ceux dont nous avions à espérer quelque secours, & les ayant amenés dans ma chambre, nous nous mîmes en état de ne rien craindre jusqu'au jour. Cependant nos Ennemis, qui s'apperçurent de ce mouvement, sentirent bientôt pour eux-mêmes plus de crainte qu'ils ne nous en avoient inspiré. Ils n'étoient ni aussi bien armés que nous, ni en aussi grand nombre, sans compter la terreur qui accompagne toujours le crime. S'imaginant bien qu'au jour il leur seroit difficile de résister à nos efforts, ils prirent le seul parti qui pouvoit les sauver du châtiment, & ils se hâterent de l'exécuter. Avec le secours des Matelots qui étoient leurs complices, ils jetterent la Chaloupe en Mer, & ils gagnerent à force de rames la côte la plus voisine. Leur entreprise ne put nous être inconnue ; mais quoiqu'il nous fût aisé de les mettre en piéces tandis qu'ils faisoient leurs préparatifs, ou de les tuer dans la Chaloupe à coups de Fusils & de Pistolets, je fus d'avis qu'il falloit leur laisser la liberté de s'éloigner.

On n'avoit pu cacher cette avanture à Théophé. Le bruit des armes & le tumulte qu'elle vit autour d'elle, lui causerent une frayeur dont elle ne se remit pas aisément, ou peut-être donna-t-elle ce nom au redoublement de chagrin qui la consumoit secrétement depuis Livourne. Sa langueur aboutit à une fiévre déclarée, qui fut accompagnée de plusieurs incidens fort dangereux. Elle ne se trouva pas mieux en arrivant à Marseille. Quelques raisons que j'eusse de hâter mon retour à Paris, l'état où je la voyois ne me permit ni de l'exposer aux agitations d'une Voiture, ni de l'abandonner aux soins de mes gens dans une Ville si éloignée de la Capitale. Je retournai près d'elle, avec les mêmes complaisances & le même zéle dont je ne m'étois point relâché dans le cours de notre voyage. Chaque moment m'apprenoit que ce n'étoit plus l'amour qui continuoit de me la rendre chere. C'étoit le goût que je prenois à la voir & à l'entendre. C'étoit l'eſtime dont j'étois rempli pour ſon caractére. C'étoient mes propres bienfaits, qui ſembloient m'attacher à elle comme à mon ouvrage. Il ne m'échappoit plus une expreſſion paſſionnée, ni une ſeule plainte des tourmens que je lui voyois ſouffrir pour mon Rival.

Elle ſe rétablit par dégrés, après avoir été ſi mal que les Médecins avoient déſeſpéré plus d'une fois de ſa guériſon. Mais ſa beauté ſe reſſentit d'un ſi long accablement; & ſi elle ne pût perdre la régularité de ſes traits, ni la fineſſe de ſa phiſionomie, je trouvai beaucoup de diminution dans la beauté de ſon teint & dans la vivacité de ſes yeux. Ces reſtes ne laiſſoient pas de compoſer encore une figure des plus aimables. Pluſieurs perſonnes de diſtinction avec leſquelles je m'étois lié pendant ma maladie venoient ſouvent chez moi, par le ſeul déſir de la voir. M. de S..., jeune homme deſtiné à une groſſe fortune, ne diſſimula

simula point la tendréſſe qu'elle lui avoit inſpirée. Après en avoir parlé long-tems comme d'un badinage, ſes ſentimens devinrent ſi ſérieux, qu'il chercha l'occaſion de les lui faire connoître. Il la trouva auſſi inſenſible qu'elle l'avoit été pour moi, comme ſi ſon cœur n'eût pu s'ouvrir que pour l'heureux Comte qui avoit trouvé le ſecret de la toucher. Elle me pria même de la délivrer des importunités de ce nouvel Amant. Je lui promis ce ſervice, ſans en prendre droit de lui rappeller mes propres déſirs. Et pour en parler naturellement, ils étoient éteints juſqu'à n'être plus différens du ſimple penchant de l'amitié.

L'explication que j'eus avec M. de S... produiſit ſi peu ce qu'elle en avoit attendu, qu'il s'en crut au contraire plus autoriſé à la preſſer par les témoignages continuels de ſa tendreſſe. Il avoit été retenu par la crainte de ſe trouver dans quelque concurrence avec moi. Mais apprenant que je me bornois à l'amitié de Théophé, & que la ſeule raiſon qui me faiſoit combattre l'in-

II. Partie. R

clination qu'il avoit pour elle étoit la priére que j'en avois reçue d'elle-même, il me déclara qu'avec la vive paffion qu'il avoit dans le cœur, il ne fçavoit point fe rebuter de l'indifférence d'une Belle, & qu'il conferveroit du moins l'efpérance ordinaire aux Amans d'emporter par la conftance de fes foins, ce qu'il n'avoit pu obtenir de fon mérite & du penchant de fa Maîtreffe. Je lui prédis qu'après la déclaration de Théophé, tous fes efforts feroient inutiles. Il n'en fut pas plus refroidi; fur tout lorfque je lui eus protefté dans les termes de l'honneur que je n'avois jamais rien obtenu d'elle qui dût le faire douter de fa fageffe. A peine fut-elle en état de goûter quelque plaifir, qu'il entreprit de diffiper fa mélancolie par des fêtes & des concerts. Elle s'y prêta, avec moins d'inclination que de complaifance, fur tout lorfque loin de m'y trouver oppofé, elle vit que je partageois volontiers ces amufemens avec elle. M. de S... n'étoit que le fils d'un Marchand; & fi c'étoit le goût du mérite qui l'attachoit à une fille si aimable, je ne voyois rien de choquant dans le désir que je lui supposois de l'épouser. Toute l'obstination de Condoidi à lui refuser le titre de sa fille ne m'auroit point empêché de rendre témoignage qu'elle l'étoit, & les preuves que j'en avois eues suffisoient pour me donner là-dessus une espéce de certitude. Cependant, M. de S... qui m'entretenoit quelquefois de sa passion, n'y mêloit jamais le nom de mariage. Envain me hazardai-je à lui en faire naître l'idée par diverses réfléxions qui purent du moins lui faire entendre que je n'approuvois ses sentimens que dans cette supposition. Comme je ne lui vis point toute l'ardeur que j'aurois souhaitée à cette proposition, je résolus, pour justifier du moins l'indulgence avec laquelle je m'étois prêté à ses galanteries, de lui découvrir naturellement mes idées. Ainsi, par un changement bien étrange, c'étoit moi qui prenois la commission d'assurer ses conquêtes à Théophé, & qui pensois à me séparer pour jamais d'elle en la ren-

R.ij.

dant la femme d'un autre. Outre son intérêt, qui étoit mon premier motif, je faisois réfléxion qu'il me seroit difficile à Paris d'éviter les soupçons qui naîtroient sur mon commerce avec elle; & quoique je ne fusse point encore dans un âge où l'amour est une indécence, j'avois des vûes de fortune qui ne s'accordoient point avec des engagemens de cette nature.

Si je m'expliquai librement avec M. de S..., il me répondit de même qu'il aimoit assez Théophé pour souhaiter d'en faire sa femme; mais qu'ayant mille sortes de ménagemens à garder avec sa famille, il n'osoit s'engager témérairement dans une entreprise qui l'exposeroit à la disgrace de son Pere ; que n'étant plus néanmoins dans l'âge de la dépendance, il prendroit volontiers le parti de l'épouser en secret, & qu'il me laisseroit le maître de régler les moyens & les conditions. Je réfléchis deux fois sur cette offre. Quoiqu'elle m'assurât tout ce que j'avois désiré, il ne me parut pas digne de moi de contribuer à un mariage secret, dont je voyois peu de douceurs à efpérer pour Théophé, lorfqu'elle feroit condamnée pour longtems à faire un myſtére de fa condition, & qui pouvoit nuire à la fortune de M. de S... en le mettant mal tôt ou tard avec fa famille. Je lui répondis nettement qu'un marché clandeſtin ne convenoit point à Théophé, & je le laiſſai dans le chagrin de me croire même offenſé de fa propoſition.

Cependant, comme j'étois encore à ſçavoir les inclinations de Théophé même, & que m'étant une fois trompé ſur ſes ſentimens, je pouvois être retombé dans l'erreur en jugeant qu'elle ne s'écarteroit point de fa premiére déclaration, je voulus conſulter ſon penchant, & lui apprendre ce que l'amour lui offroit pour fa fortune. Il ne me parut pas ſurprenant de lui entendre rejetter la tendreſſe & la main de M. de S...; mais lorſqu'ayant inſiſté dans ſes propres termes, ſur l'avantage qu'il y auroit pour elle à rentrer dans tous les droits de la vertu & de l'honneur par un établiſſement qui pouvoit effacer dans sa propre imagination tous les souvenirs du passé, j'eus reçu pour réponse qu'elle se sentoit de l'éloigement pour l'état du mariage, je ne pus me défendre d'un reste de dépit, qui me porta à lui reprocher de m'en avoir donc imposé, quand elle m'avoit protesté avec tant d'apparence de bonne foi, que c'étoit uniquement cette sorte d'avantage qui l'avoit disposé à souffrir les soins du Comte. Elle fut troublée de cette objection ; mais cherchant à sortir d'embarras par un air de bonté & de candeur qui lui avoit toujours réussi avec moi, elle me conjura de ne pas mal interpréter mes sentimens, ou, si je l'aimois mieux, de ne pas juger trop rigoureusement ses foiblesses. Et me rappellant à mes promesses, elle prit le Ciel à témoin que quelques inégalités que j'eusse pu remarquer dans sa conduite, elle n'avoit jamais cessé de regarder l'espérance que je lui avois donnée de vivre près de moi comme le plus grand bien qu'elle eût à désirer.

Je la remerciai de ce sentiment,

& je renouvellai tous les engagemens que j'avois avec elle. Sa santé se rétablissant de jour en jour, notre départ ne fut pas long-tems différé. Envain M. de S... s'efforçat-il de nous arrêter par des instances qui alloient souvent jusqu'aux larmes. Il reçut de la bouche même de Théophé l'arrêt qui le condamnoit à réprimer sa passion ; ce qui n'empêcha point que sous quelque prétexte que les affaires de son Pere lui firent naître, il ne nous accompagnât jusqu'à Lyon dans une Chaise de poste qui suivoit immédiatement ma Berline. Et lorsqu'il fut contraint de se séparer, il me dit à l'oreille que son dessein étoit de faire incessamment le voyage de Paris, où il se promettoit de disposer plus librement de sa main que sous les yeux de son Pere. J'ai toujours été persuadé qu'il avoit tenté secrétement d'obtenir le consentement de sa famille, & que c'étoit sur le refus de son Pere qu'il m'avoit proposé un mariage clandestin.

Les affaires continuelles qui m'occuperent long-tems ne me permirent plus de fuivre Théophé dans toutes fes démarches. Je la logeai chez moi, avec toute la confidération que j'avois toujours euë pour elle, & je lui accordai dans ma maifon tous les droits dont je l'avois mife en poffeffion à Oru. Mes amis raifonnerent différemment en me voyant arriver à Paris avec cette belle Grecque. Ils ne s'en tinrent point au récit que je leur fis naturellement d'une partie de fes avantures ; & mon attention étant toûjours de cacher celles qui ne faifoient point honneur à fes premiéres années, ils prenoient les éloges que je leur faifois de fes principes & de fa conduite pour les exagérations d'un homme amoureux. D'autres venant à la connoître mieux, lui trouvoient effectivement tout le mérite que je lui attribuois, & ne m'en croyoient que plus attaché par l'amour à une jeune perfonne qu'ils ne s'imaginoient pas que je puffe avoir amenée de Turquie par d'autres motifs. Ainfi tous s'accordoient, comme je l'avois prévû, à me croire mieux que je n'étois avec elle, & les diftractions mêmes de més affaires,

qui

qui me faisoient quelquefois passer trois jours sans la voir, ne purent leur ôter cette opinion. Mais il y eut bien plus de variété & de bizarrerie dans les jugemens du Public. On la fit d'abord passer pour une Esclave que j'avois achetée en Turquie, & dont j'étois devenu assez amoureux pour avoir apporté tous mes soins à son éducation. Ce n'étoit pas s'écarter tout à fait de la vérité. Mais on ajoûtoit, & je trouvai moi-même aux Tuilleries diverses personnes qui me raconterent sans me connoître, que le Grand-Seigneur étant devenu amoureux de mon Esclave sur le récit qu'on lui avoit fait de ses charmes, me l'avoit fait demander, & que c'étoit l'unique sujet de tous les différends que j'avois eus à Constantinople. Et comme le visage de Théophé, malgré tout ce qu'il avoit conservé d'agrément, ne répondoit plus à l'idée d'une femme qui s'étoit attiré tant d'admiration, on prétendoit que pour me délivrer des tourmens de la jalousie, j'avois défiguré une partie de ses charmes avec une eau que j'avois fait composer. D'autres prétendoient que je l'avois enlevée dans un Sérail, & que cette hardiesse m'avoit couté la perte de mon Emploi.

Je me rendis fort supérieur à toutes ces Fables par la tranquillité avec laquelle je les entendis, & je fus toujours le premier à les tourner en badinage. Théophé s'étant fait connoître avantageusement de toutes les personnes avec qui j'avois quelque liaison, je lui vis bientôt un grand nombre d'Adorateurs. Il me parut difficile qu'elle se défendît toujours contre les soins empressés d'une brillante jeunesse, mais je crus lui devoir quelques avis sur les précautions qui sont nécessaires à son sexe. L'exemple du Comte de R... m'avoit appris qu'elle étoit sensible aux graces de la figure & des maniéres. Le danger étoit continuel à Paris, & si l'amour ne m'y faisoit plus prendre le même intérêt, j'étois du moins obligé par l'honneur d'écarter de ma maison tout ce qui pouvoit la conduire au désordre. Elle reçut mes conseils avec sa docilité ordinaire. Son goût n'étoit pas diminué pour la lecture, & je lui voyois même une nouvelle ardeur à s'instruire. Peut-être la vanité commençoit-elle à faire ce que je n'avois pu attribuer jusqu'alors qu'à la passion de s'orner le cœur & l'esprit. Cependant, soit que mes observations ne fussent plus assez exactes pour me faire pénétrer le fond de sa conduite, soit qu'elle eut plus d'adresse que je ne lui en croyois à la déguiser, je n'apperçus rien qui blessât mes yeux jusqu'à l'arrivée de M. de S..., qui vint m'inspirer des défiances ausquelles je ne me serois jamais porté volontairement.

Il n'eut point le bonheur de les faire tourner sur lui-même. Mais après avoir passé quelques semaines à Paris, & s'être fait voir fort souvent dans ma maison, où je le comblois de politesses, il me prit un jour en particulier pour me faire les plaintes les plus améres. Le dessein de son voyage étoit, me dit-il, le même qu'il m'avoit expliqué à Lyon; mais sa fortune étoit extrêmement changée. Au lieu des froideurs de sa Maîtresse qu'il croyoit avoir uni-

S ij

quement à combattre, il se trouvoit en tête plusieurs Amans déclarés, dont il avoit mille raisons de croire qu'elle ne rejettoit pas également tous les soins. Il étoit désespéré particuliérement des attentions qu'elle marquoit pour M. de R... & pour le jeune Comte de.... qui paroissoient les plus ardens à lui plaire. Ce n'étoit pas chez moi qu'elle les souffroit autour d'elle; mais cette exception même faisoit le plus sensible chagrin du jeune Marseillois, qui n'avoit pu se persuader qu'elle mît quelque différence entr'eux & quantité d'autres dont elle recevoit indifféremment les visites, sans en ressentir beaucoup dans les dispositions de son cœur. Comment se figurer néanmoins qu'elle en aimât deux à la fois? Il en étoit encore à pénétrer ce mystére. Mais l'ayant suivie à l'Eglise, aux Promenades, aux Spectacles, il avoit vû sans cesse ces deux incommodes Rivaux sur ses traces, & le seul air de satisfaction qu'elle laissoit éclater sur son visage la trahissoit toujours en les appercevant. Il n'ajoûta rien qui pût faire aller plus loin mes soupçons, & la priére qu'il joignit à cette plainte étoit propre au contraire à les étouffer. Il me conjura de lui faire voir plus clair dans ses espérances, & de ne pas permettre du moins que des sentimens aussi honnêtes que les siens fussent rejettés avec des marques de mépris.

Je lui promis, non-seulement de prendre ardemment ses intérêts, mais d'approfondir une intrigue dont je n'avois pas la moindre connoissance. J'avois donné pour Compagne à Théophé une vieille Veuve, que son âge sembloit défendre contre les folies de la jeunesse; & quand j'aurois fait moins de fond sur la conduite de la jeune Grecque, je me serois reposé sur les exemples & les leçons d'une Gouvernante si éprouvée. Elles ne se quittoient point, & je voyois avec plaisir que l'amitié les liât autant que mes intentions. J'expliquai à celle-ci une partie des accusations qu'on formoit contre elle, car M. de S... m'avoit confessé qu'il n'avoit jamais vû Théophé seule, & l'une n'avoit.

pu mériter de reproches que l'autre ne dût partager. La vieille Veuve reçut les miens d'un air si libre, qu'il me fit attribuer aussi-tôt les tourmens de M. de S... à sa jalousie. Elle me nomma même l'auteur de mes inquiétudes. Il n'est pas satisfait, me dit-elle, de ne pas trouver dans Théophé plus de retour pour sa tendresse. Il l'importune continuellement par ses discours & par ses lettres. Nous nous sommes fait un jeu d'une passion si incommode, & le dépit l'aura porté sans doute à vous en faire des plaintes. A l'égard des crimes qu'il nous attribue, vous les connoissez, ajoûta-t-elle, puisque je n'ai suivi que vos ordres en procurant à Théophé quelques amusemens. Elle m'apprit naturellement à quoi se réduisoient leurs plaisirs : c'étoient les divertissemens ordinaires des honnêtes gens de Paris ; & si les deux Rivaux qui causoient les allarmes de M. de S... étoient quelquefois admis à leurs promenades ou à d'autres parties de la même innocence, c'étoit sans aucune distinction dont ils pussent tirer avantage.

Cette réponse me rendit tranquille, & je ne consolai M. de S... qu'en l'exhortant à mériter le cœur de Théophé, dont je lui garantis la sagesse & l'innocence. Ses imaginations n'étoient pas néanmoins sans fondement. Ma vieille Veuve, sans être capable de se porter au désordre ou de l'approuver, avoit encore assez d'amour propre & de vanité pour être le jouet de deux jeunes gens, dont l'un avoit entrepris de servir son ami en contrefaisant de l'amour pour une femme qui n'avoit pas moins de soixante ans. Ses yeux uniquement ouverts sur les soins qu'on affectoit pour elle ne remarquoient point ce qui se passoit à l'égard de sa Compagne, & son aveuglement alloit jusqu'à croire Théophé fort heureuse de partager des galanteries dont elle se regardoit comme le seul objet. Le témoignage de M. de S... qui découvrit à la fin cette Comédie, & toutes les preuves qui auroient été différentes du rapport de mes yeux, n'auroient jamais eu la force de me le persuader.

Un jour, d'autant plus heureusement choisi que mes affaires & mes incommodités me donnoient quelque relâche, M. de S... me conjura de monter en Carosse avec lui, pour me rendre témoin d'une scéne qui me donneroit enfin plus de confiance à ses plaintes. Il avoit découvert, à force de soins, que Théophé & la vieille Veuve, s'étoient laissées engager dans une partie de promenade, qui devoit finir par une collation dans les Jardins de Saint Clou. Il n'ignoroit ni le lieu, ni les circonstances de la Fête; &, ce qui lui échauffoit l'imagination jusqu'à lui faire mêler des menaces à son récit, il sçavoit que M.... & le jeune Comte composoient toute la Compagnie des deux Dames. Quelque couleur que la Veuve pût donner à cette partie, j'y trouvai tant d'indiscrétion, que je ne balançai point à la condamner. Je me laissai conduire à Saint Clou, avec la résolution, non-seulement d'observer ce qui se passeroit dans un lieu si libre, mais de faire aux deux Dames des reproches dont la sagesse même de leurs intentions ne devoit pas les exempter. Elles y étoient déja avec leurs Amans. Nous leur vîmes faire quelques tours de promenade, dans un lieu si découvert, qu'il nous parut inutile de les suivre. Ce fut le soin du Chevalier de choisir un poste où rien ne pût nous échapper pendant leur collation. Il vouloit non-seulement les voir, mais les entendre. Ayant sçu que le lieu où se faisoient les préparatifs étoit un cercle de verdure dans la partie supérieure du Jardin, nous nous y rendîmes par de longs détours, & nous trouvâmes heureusement à nous placer derriére une Charmille qui n'en étoit qu'à dix pas.

Ils arriverent peu de tems après nous. Leur marche étoit décente. Mais à peine furent-ils assis sur l'herbe, que le prélude de leur Fête fut un fort long badinage. Il commença par la Veuve, & je m'apperçus tout d'un coup que les flatteries & les caresses des deux jeunes gens étoient autant de railleries qu'ils avoient concertées. Après cent fades complimens sur ses graces, après l'avoir comparée aux Nymphes, ils la parerent d'herbes & de fleurs, & leur admiration parut redoubler en la voyant dans cette comique parure. Elle étoit fenfible à leurs moindres éloges, & fa modeftie lui faifant prendre un détour pour exprimer la fatisfaction qu'elle en reffentoit, elle louoit l'efprit & l'agrément qu'elle trouvoit dans chaque parole. Quelles réfléxions ne fis-je point fur le ridicule d'une femme qui oublie fon âge & fa laideur! Je trouvois la vieille Gouvernante fi juftement punie, que fi je n'euffe point été preffé d'un autre intérêt que le fien, je me ferois fait un amufement de ce fpectacle. Mais je voyois le Comte qui fe ménageoit des intermédes, & qui fe tournant d'un ton plus férieux vers Théophé lui adreffoit par intervalles quelques difcours qui ne pouvoient venir jufqu'à nous. Le feu qui dévoroit M. de S... brilloit alors dans fes yeux. Il s'agitoit jufqu'à me faire craindre que le bruit de fes mouvemens ne pût nous trahir ; & fi je ne l'euffe retenu plufieurs fois, il fe feroit levé brufquement pour interrompre un spectacle qui lui perçoit le cœur. Combien n'eus-je pas de peine à le modérer lorsqu'il vit le Comte baisser la tête jusques sur l'herbe, pour baiser secrétement une des mains de Théophé, qu'elle ne se hâta point de retirer !

La collation fut délicate & dura long-tems. La joie fut animée par quantité de contes & de saillies plaisantes. Si l'on ne but point à l'excès on goûta de plusieurs sortes de vins, & l'on ne se fit pas presser beaucoup pour les Liqueurs. Enfin, sans qu'il se fût rien passé d'absolument condamnable, il me restoit de tout ce que j'avois vû un fond de chagrin dont je me proposois de ne pas remettre bien loin les marques. Cependant je l'aurois porté jusqu'à Paris, & croyant les Dames prêtes à gagner leur Carosse, je n'avois d'embarras que pour éviter d'être apperçu en retournant vers le nôtre ; lorsque M. de ... offrant le bras à la Gouvernante, s'engagea avec elle dans une allée couverte qui ne conduisoit à rien moins qu'à la porte du Parc. Le Comte prit de même

Théophé, & m'imaginant qu'il alloit marcher sur les traces de son ami, mon dessein n'étoit que de les suivre de l'œil. Mais je leur vis prendre une autre route. Le mal me parut pressant. Je ne voulus point attendre qu'il se déclarât par d'autres marques, & je n'eus pas besoin d'être excité par M. de S... pour courir au reméde. Lui ayant fait seulement promettre qu'il ne s'écarteroit point de la modération, je m'avançai avec lui à la suite des quatre Amans, & je feignis que le goût de la promenade m'ayant amené à Saint Clou, je venois d'apprendre leur Fête, avec le chemin qu'il falloit prendre pour les rencontrer. Ils furent si déconcertés, que malgré l'air de joie & de liberté que j'affectois dans mes maniéres, ils ne se remirent pas tout d'un coup; & ce ne fut qu'après un assez long silence qu'ils nous offrirent civilement les débris de leur Collation.

Je fus si peu tenté de l'accepter, que pensant à rompre sur le champ une liaison dangereuse, je déclarai aux Dames que j'avois à leur communiquer quelques affaires qui m'obligeoient de leur demander une place dans leur Carosse. Ces Messieurs ne sont pas venus sans leur Equipage, ajoûtai-je en me tournant vers eux, & le mien d'ailleurs seroit à leurs ordres. M. de... s'étoit fait suivre par le sien. Nous prîmes directement les allées qui conduisent à la grille, & les deux Amans eurent la mortification de voir occuper à M. de S... une des places qu'ils avoient remplies.

Il auroit été trop dur de représenter leur indiscrétion aux Dames, à la vûe d'un Etranger. Je remis les leçons de Morale à Paris; mais en considérant de près la Gouvernante, que j'avois vis-à-vis de moi, je ne pus me défendre, ni de rire de l'image qui me restoit encore de sa parure, ni de lui faire quelques complimens sur ses charmes dans le goût de ceux qu'elle avoit entendus. Je crus m'appercevoir qu'elle avoit déja l'imagination gâtée jusqu'à les croire sincéres. Théophé sourioit malicieusement ; mais je lui en préparois un à elle-même, que je croyois capable de la rendre sérieuse. Elle eut le tems néanmoins d'en faire aussi un à Mr de S... qui acheva de lui ôter l'espérance. Soit qu'elle eut quelque soupçon du dessein qui nous avoit conduits à Saint Clou, & qu'elle l'accusât de me l'avoir inspiré, soit qu'elle fût rebuté effectivement de ses soins, qui alloient quelquefois, comme je l'avois remarqué moi-même, jusqu'à l'importunité, elle profita du moment qu'il lui donnoit la main en sortant du Carosse. L'ayant prié de ne plus troubler sa tranquillité par des visites & des soins qu'elle n'avoit jamais goutés & qu'elle ne vouloit plus recevoir, elle lui déclara qu'elle regardoit cet adieu comme le dernier. Il demeura si consterné, que lui voyant tourner le dos pour s'éloigner, il n'eut point le courage de la suivre. Ce fut à moi qu'il adressa ses plaintes. Elles me toucherent d'autant plus que je trouvai dans cette conduite de Théophé quelque chose d'extrêmement opposé à la douceur naturelle de son caractére, & que je ne pus me figurer qu'elle en fût venue à cette extrémité sans y être précipitée par une passion violente. J'exhortai M. de S... à se consoler, comme tous les Amans qui ne sont pas plus heureux, & je l'assurai d'un foible dédommagement dans mon amitié. J'estimois sa bonne foi beaucoup plus que son bien & sa figure. Venez chez moi, lui dis-je, aussi souvent que votre inclination vous y portera. Je ne ferai pas violence à celle de Théophé : mais je lui ferai sentir ce qu'elle néglige en rejettant vos offres, & je lui ferai honte sans doute de ses sentimens, si elle s'abandonne à quelque passion déréglée.

Mes infirmités m'obligeoient de prendre mes repas dans mon appartement ; ce qui me privoit du plaisir de vivre avec ma famille. Mais le même intérêt qui m'avoit conduit à Saint Clou ne me permit point de laisser venir la nuit sans avoir ouvert mon cœur à Théophé. Je m'informai de l'heure qu'elle prendroit pour se retirer ; & m'étant rendu dans sa chambre avec cette familiarité qu'une longue habitude avoit comme établie, je lui confeſſai en arrivant que j'étois amené par des raiſons extrêmement férieuſes : je ne ſçais ſi elle ſe défia du motif de ma viſite, mais je vis de l'altération ſur ſon viſage. Elle me prêta néanmoins une profonde attention. C'étoit une de ſes bonnes qualités, de vouloir comprendre ce qu'on lui diſoit avant que de vouloir y répondre.

Je ne pris point mon diſcours de trop loin. Vous avez marqué, lui dis-je, de l'empreſſement pour vivre avec moi, & vous connoiſſez les motifs que vous m'avez mille fois répétés. C'étoit le goût d'une vie vertueuſe & tranquille. Ne la trouvez-vous pas chez moi ? Pourquoi donc allez-vous chercher à Saint Clou des plaiſirs ſi éloignés de vos principes, & qu'avez-vous à démêler avec M.... & le Comte de..., vous qui faiſiez profeſſion d'une ſageſſe ſi oppoſée à leurs maximes ? Vous ne connoiſſez point encore nos uſages, ajoûtai-je ; c'eſt l'excuſe que mon affection vous prête ; & je vous ai donné pour guide une folle qui

qui les oublie. Mais cette partie de Saint Clou, cette intime familiarité avec deux jeunes gens auſquels je ne vois rien de commun avec votre façon de penſer, que dirai-je ? Cet oubli de bienſéances communes me jette dans des inquiétudes que je ne puis diſſimuler plus long-tems.

Je baiſſai les yeux en finiſſant, & je voulus lui laiſſer toute la liberté de préparer ſa réponſe. Elle ne me la fit point attendre long-tems : je conçois, me dit-elle, toute l'étendue de vos ſoupçons, & ma foibleſſe de Livourne n'eſt que trop propre à les juſtifier. Cependant, vous me faites un tort extrême ſi vous croyez que ſoit à Saint Clou, ſoit dans tout autre lieu où vous m'ayez obſervée, je me ſois écarté un moment des principes que je porte au fond du cœur. Vous m'avez répété mille fois vous-même, continua-t-elle, & j'apprens tous les jours dans les Livres que vous me mettez entre les mains, qu'il faut s'accommoder aux foibleſſes d'autrui, ſe rendre propre à la ſociété, paſſer avec indulgence ſur les défauts & les passions de ses amis; j'exécute vos idées & les maximes que je puise continuellement dans mes Livres. Je vous connois, ajoûta-t-elle, en me regardant d'un œil plus fixe, je sçais qu'un secret ne risque rien avec vous: mais vous m'avez donné une Compagne dont je dois ménager les foiblesses. C'est votre Amie, c'est mon guide; quel autre parti me reste-t-il que de lui obéir & de lui plaire?

Il en falloit bien moins pour me faire renfermer tous mes reproches, & pour me faire repentir même de les avoir exprimés trop librement. Je crus pénétrer tout d'un coup le fond du mystére. Le Comte aimoit Théophé. M. de... feignoit d'aimer la vieille Veuve pour servir son ami: Et Théophé écoutoit le Comte par complaisance pour sa Gouvernante, à qui elle croyoit rendre service en contribuant à la facilité de ses amours. Quel amas d'illusions! Mais quel renouvellement d'estime ne sentis-je point pour Théophé, dans qui je croyois voir revivre toutes les perfections que je lui avois anciennement connues. Mes infirmités me rendoient crédule. J'embrassai l'aimable Théophé. Oui, lui dis-je, c'est de moi que vous devez vous plaindre. Je vous ai donné pour guide une folle, dont je conçois que les ridicules imaginations doivent vous gêner continuellement. Je parle de ce que j'ai vû. J'en suis témoin. Il ne me manquoit que de pénétrer mieux vos dispositions pour vous rendre toute la justice que vous méritez. Mais n'allons pas plus loin. Je vous affranchis demain de cet incommode Esclavage, & je vois d'ici une Compagne qui conviendra bien mieux à vos inclinations.

Il étoit nuit. J'étois en robe de chambre. Théophé avoit toujours à mes yeux les charmes tout puissans qui avoient fait tant d'impressions sur mon cœur. Le fond de sagesse qui se déclaroit si ouvertement dans cette honnête complaisance me renouvella des traces que je croyois mieux effacées. Mon affoiblissement même ne fut point un obstacle, & je suis encore à comprendre comment des sentimens

T ij

d'honnêteté & de vertu produisirent sur moi les mêmes effets que l'image du vice. Je n'en accordai pas plus de liberté à mes sens; mais j'emportai de cette visite un nouveau feu, dont je m'étois cru désormais à couvert par mes infirmités continuelles autant que par la maturité de ma raison. La honte de ma foiblesse ne me saisit qu'en reprenant le chemin de ma chambre, c'est-à-dire après m'y être livré tout entier; aussi n'y résistai-je pas plus que je n'avois fait à Constantinople, & si l'état de ma santé me permettoit bien moins de former des désirs, je ne m'en crus que plus autorisé à suivre des sentimens dont tout l'effet devoit se renfermer dans mon cœur. Mais dès la même nuit, ils en produisirent un que je n'avois pas prévû. Ils renouvellerent cette ardente jalousie qui m'avoit possédé si long-tems, & qui étoit peut-être de toutes les foiblesses de l'amour celle qui convenoit le moins à ma situation. A peine fus-je au lit que ne pouvant comprendre comment j'avois pu me refroidir pour un objet si charmant, je m'abandonnai au regret de n'avoir pas mieux profité des occasions que j'avois eues de lui plaire, & de ne l'avoir peut-être amenée en France que pour voir recueillir à quelque Avanturier les fruits que j'aurois tôt ou tard obtenus par un peu plus d'ardeur & de constance. Enfin, si la foiblesse de ma santé ne permit point que ma passion reprît son ancienne violence, elle devint proportionnée à mes forces, c'est-à-dire, capable de m'occuper tout entier.

Dans cet état, il ne falloit pas beaucoup d'efforts à Théophé pour me satisfaire. La seule complaisance que je me proposai de lui demander fut d'être souvent dans ma chambre, où la douleur me retenoit quelquefois au lit pendant des semaines entiéres. La nouvelle Compagne que j'avois dessein de lui donner avoit assez de douceur, avec beaucoup de sagesse, pour s'assujettir à cette habitude & ne rien trouver de rebutant dans la compagnie d'un Malade. La seule idée de ce nouveau plan m'offrit assez de charmes pour me procurer un sommeil tranquille. Mais Théophé m'ayant fait demander dès le matin la liberté d'entrer dans ma chambre, tous mes projets se trouverent dérangés par la proposition qu'elle me venoit faire. De quelque source que vint son chagrin, elle avoit été si touchée de mes reproches, ou si piquée de l'avanture de Saint Clou, que se faisant un chagrin de tous ses plaisirs & du genre de vie qu'elle menoit, elle venoit me demander la permission de se retirer dans un Couvent. La douceur de vous voir, me dit-elle obligeamment, qui m'a fait souhaiter seule de vivre près de vous, est un bien dont je suis privée continuellement par votre maladie. Que fais-je dans le tumulte d'une Ville telle que Paris ? Les flatteries des hommes m'importunent. La dissipation des plaisirs m'amuse moins qu'elle ne m'ennuie. Je pense, ajoûta-t-elle, à me faire un ordre de vie tel que je l'observois à Oru, & de tous les lieux dont j'ai pris ici connoissance, je n'en vois point qui soit plus conforme à mes inclinations qu'un Couvent.

Qui n'auroit pas cru que l'ouverture de mon propre deſſein étoit la meilleure réponſe que je puſſe faire à cette demande ? Auſſi me hâtai-je de dire à Théophé que loin de m'oppoſer à ſes déſirs, je voulois lui faire trouver chez moi tous les avantages qu'elle eſpéroit dans un Couvent ; & lui expliquant ceux que je trouverois moi-même à la voir ſans ceſſe autour de moi, occupée à lire, à peindre, à s'entretenir ou à jouer avec une nouvelle Compagne, enfin ſe faiſant une douce occupation de tous les exercices qu'elle aimoit, je m'attendois dans la ſimplicité de mon cœur qu'elle alloit embraſſer avidement un parti qui renfermoit tout ce qu'elle m'avoit paru ſouhaiter. Mais inſiſtant ſur la réſolution qu'elle avoit formée de ſe retirer dans un Couvent, elle me preſſa d'y conſentir avec de nouvelles inſtances. Rien ne me ſurprit tant que de ne pas remarquer qu'elle eût fait même attention à ce plaiſir continuel de me voir dont elle s'affligeoit, m'avoit-elle dit, d'être privée par

mes infirmités, & qui étoit par conséquent la premiére considération dont elle auroit dû paroître frappée. Je ne pus m'empêcher de faire tourner de ce côté-là mes réfléxions. Mais revenant toujours à ses idées, en se croyant quitte avec moi par quelques politesses, elle continua de me parler du Couvent comme du seul endroit pour lequel elle eut désormais du goût. Je me sentis si mortifié de son indifférence, que n'écoutant que mon ressentiment, je lui déclarai d'un air assez chagrin, que je n'approuvois point son projet, & qu'aussi long-tems qu'il lui resteroit quelque considération pour moi, je la priois d'en éloigner absolument l'idée. Je donnai ordre en même tems qu'on fit avertir la personne que je lui destinois pour Compagne, & que j'avois déja prévenue la veille par un mot de lettre. C'étoit la veuve d'un Avocat à qui son mari avoit laissé peu de bien, & qui avoit reçu avec beaucoup de joie une proposition dont elle pouvoit tirer plusieurs sortes d'avantages. Elle demeuroit dans mon voisinage; de
sorte

forte qu'étant arrivée presqu'au même moment, je lui expliquai avec plus d'étendue le service qu'elle pouvoit me rendre en se liant étroitement avec Théophé. Elles prirent tout le goût que je souhaitois l'une pour l'autre, & Théophé se soumit à mes intentions sans murmure.

Une société si douce devint le charme de tous mes tourmens. Je ne prenois rien que de la main de ma chere Grecque. Je ne parlois qu'à elle. Je n'avois d'attention que pour ses réponses. Dans les atteintes les plus cruelles d'un mal auquel je suis condamné pour le reste de ma vie, je recevois du soulagement de ses moindres soins, & le sentiment actuel de ma douleur ne m'empêchoit point de sentir quelquefois les plus délicieuses émotions du plaisir. Elle paroissoit s'intéresser à ma situation, & je ne m'appercevois point que ses plus longues assiduités lui fussent à charge. D'ailleurs, il ne se passoit point de jour que je ne l'engageasse à prendre pendant quelques heures le plaisir de la promenade ou celui des spectacles avec sa Compagne. Il falloit quelquefois l'y forcer. Ses absences étoient courtes, & je ne remarquai jamais que son retour lui parût un devoir pénible. Cependant au milieu d'une situation si charmante, sa premiére Gouvernante qui ne s'étoit pas vûe congédier sans chagrin, vint troubler encore une fois mon repos par des soupçons qu'il ne m'a jamais été possible d'éclaircir. C'est ici que j'abandonne absolument le jugement de mes peines au Lecteur, & que je le rends maître de l'opinion qu'il doit prendre de tout ce qui lui a pû paroître obscur & incertain dans le caractére & la conduite de Théophé.

Les accusations de cette femme furent peu ménagées. Après m'avoir plaint d'une malheureuse situation, qui m'empêchoit d'avoir les yeux ouverts sur ce qui se passoit dans ma maison, elle m'apprit sans déguisement que le Comte de ... voyoit assidument Théophé, & que, ce qu'il n'avoit jamais obtenu tandis que la jeune Grecque étoit sous sa conduite, il avoit réussi à lui inspirer de l'amour. Et n'attendant point que je fuſſe revenu de ma premiére ſurpriſe, elle ajoûta que les deux Amans ſe voyoient la nuit dans l'appartement même de Théophé, qui ne me quittoit le ſoir que pour aller recevoir apparemment le Galant dans ſes bras.

Le tems qu'elle avoit pris pour me rendre un ſi mauvais office étoit heureuſement l'abſence de Théophé. Je n'aurois pu cacher la mortelle impreſſion que je reſſentis de ſon diſcours, & dans une affaire de cette nature l'importance étoit de ne pas faire éclater un déſordre qui ne pouvoit être approfondi qu'avec beaucoup de ſecret & de précautions. Mes premiéres réfléxions ne laiſſerent point d'être favorables à Théophé. Je me rappellai toutes ſes démarches depuis le parti qu'elle avoit pris d'être preſque ſans ceſſe avec moi dans ma ſolitude. Si l'on excepte le tems que je lui faiſois donner à la promenade, elle n'étoit jamais un quart d'heure hors de mon appartement. Etoient - ce donc des momens ſi courts qu'elle accordoit à ſa paſſion; & l'amour eſt-il capa-
V ij

ble d'une modération si constante? La nuit étoit toujours fort avancée lorsqu'elle me quittoit. Je lui voyois le matin sa vivacité & sa fraîcheur ordinaire. En rapporte-t-on beaucoup de la compagnie d'un Amant passionné? Et puis ne lui voyois-je pas toujours le même air de sagesse & de modestie; & ce que je lui trouvois de plus charmant n'étoit-il pas ce perpétuel accord de prudence & d'enjouement, qui sembloit marquer autant de retenue dans ses désirs que d'ordre dans ses idées? Enfin, je connoissois la légereté & l'imprudence de son Accusatrice; & quoique je ne la crusse point capable d'une calomnie, je n'avois point douté qu'elle n'eût été assez sensible au mécontentement que j'avois marqué de sa conduite, pour chercher à tirer quelque vangeance ou de moi, ou de Théophé, ou de la personne que j'avois substituée à ses fonctions.

Cependant, comme elle faisoit encore sa demeure chez moi, & que je n'aurois pas voulu que le secret qu'elle m'avoit confié sortît de sa bouché ni de la mienne, je lui répondis que des imputations si graves demandoient deux sortes de précautions auxquelles je ne la croyois point capable de manquer; l'une d'être tenues secretes, autant pour l'honneur de ma maison que pour celui de la jeune Grecque; l'autre de n'être pas même regardées comme des vérités certaines, avant qu'elles eussent été confirmées par des témoignages sensibles. La discrétion, lui dis-je, est un soin que je vous recommande si instamment, que vous ne pourriez y manquer sans vous faire de moi un mortel ennemi; & pour la certitude que je souhaiterois d'obtenir, vous devez comprendre qu'elle est si nécessaire, que vous vous êtes exposée vous-même à d'étranges soupçons si vous ne trouvez pas le moyen de vérifier vos découvertes. Nous nous quittâmes fort mal satisfaits l'un de l'autre; car si elle ne m'avoit pas trouvé toute la confiance qu'elle auroit voulu pour son récit, j'avois apperçu dans son zéle plus d'amertume & de chaleur que je n'en devois attendre de la seule envie de m'obliger.

Deux jours se passerent, qui furent pour moi des siécles d'inquiétude & de tourmens par la contrainte où je fus obligé de vivre avec Théophé. Autant que je souhaitois de ne la pas trouver coupable, autant j'aurois été fâché, si elle l'étoit, de ne pas connoître tout le désordre de sa conduite. Enfin, le soir du troisiéme jour, une demie heure au plus après qu'elle m'eut quitté, son Ennemie entre d'un air empressé dans mon appartement, & m'avertit à l'oreille que je pouvois surprendre Théophé avec son Amant. Je lui fis répéter plus d'une fois un avis si cruel & si humiliant pour moi. Elle me le confirma avec un détail de circonstances qui força tous mes doutes. J'étois au lit, accablé de mes douleurs ordinaires, & j'avois besoin de plus d'un effort pour me mettre en état de la suivre.

Combien de précautions d'ailleurs pour donner le change à mes Domestiques? Il est vrai qu'il s'écoula bien du tems dans ces préparations. Mes répugnances & mes craintes augmentoient encore ma lenteur. Je me trouvai néanmoins disposé à gagner l'appartement de Théophé. Nous n'étions éclairés que par une bougie, & Madame de… la portoit elle-même. Elle s'éteignit à deux pas de la porte. Il fallut encore quelques momens pour la rallumer. Qu'il est à craindre, me dit mon guide en me rejoignant, que le Galant n'ait profité de ce moment pour s'évader! Cependant, ajoûta-t-elle, la porte ne se seroit pas ouverte & fermée sans bruit. Nous y frappâmes. J'étois tremblant, & ma liberté d'esprit n'alloit pas jusqu'à me faire distinguer les circonstances. Après nous avoir fait attendre quelques momens, la suivante de Théophé ouvrit, & marqua beaucoup d'étonnement de me voir si tard à la porte de sa Maîtresse.

Est-elle seule? Est-elle au lit? Je lui fis plusieurs questions de cette nature avec une vive agitation. L'Accusatrice vouloit entrer brusquement. Je la retins. Il est impossible, lui dis-je, qu'on s'échappe à présent sans être apperçu. Cette porte est unique. Et je serois au désespoir de l'outrage que nous ferions à Théophé si elle n'étoit pas coupable. La Suivante m'assuroit pendant ce tems-là que sa Maîtresse étoit au lit, & qu'elle dormoit déja tranquillement. Mais le seul bruit que nous faisions suffisoit pour la réveiller ; nous entendîmes quelques mouvemens qui parurent augmenter l'impatience de son Ennemie. Il fallut la suivre & traverser l'anti-chambre. Théophé, après avoir appellé inutilement sa femme de chambre, qui couchoit dans un cabinet voisin, avoit suivi apparemment le mouvement de sa crainte, au bruit qu'elle entendoit à sa porte. Elle s'étoit levée, & dans le fond je fus étrangement surpris de la trouver elle-même, qui se présenta pour nous ouvrir.

Son habillement n'avoit pas demandé un espace fort long. Elle n'étoit couverte que d'une robe fort légére ; & je n'étois pas étonné non plus de trouver sa chambre éclairée, parce que je n'ignorois point que c'étoit son usage. Mais je la voyois levée, lorsqu'on venoit de m'assurer qu'elle étoit endormie. Je lui voyois un air de crainte & d'embarras, que je ne pouvois attribuer à la seule surprise qu'elle avoit de me voir. Enfin, l'imagination remplie de toutes les imputations de son Accusatrice, les moindres désordres que je crus remarquer dans sa chambre me parurent autant de traces de son Amant, & de preuves du déréglement qu'on lui reprochoit. Elle me demanda en tremblant ce qui m'amenoit si tard. Rien, lui dis-je, d'un ton plus brusque que je n'étois accoutumé de le prendre avec elle ; & jettant les yeux de tous côtés, je continuois de remarquer tout ce qui pouvoit servir à l'éclaircissement de mes soupçons. La chambre étoit si dégagée, que rien ne pouvoit s'y dérober à mes regards. J'ouvris un cabinet, où il n'étoit pas plus aisé de se cacher. Je me baissai pour observer le dessous du lit. Enfin, n'ayant laissé aucun endroit à visiter, je me retirai sans avoir prononcé un seul mot, & sans avoir pensé même à répondre à diverses questions que l'étonnement de cette scéne faisoit faire à Théophé. Si c'étoit la honte & l'indignation qui avoient causé mon trouble en venant, je n'en ressentis pas moins en sortant, par la crainte de m'être rendu coupable d'une injustice. L'Accusatrice étoit demeurée comme en garde dans l'anti-chambre ; venez, lui dis-je d'un ton altéré. J'appréhende bien que vous ne m'ayiez engagé dans une démarche dont je sens déja toute l'infamie. Elle paroissoit aussi agitée que moi, & ce ne fut qu'après être sortie qu'elle me protesta que le Comte devoit s'être échappé, puisqu'elle pouvoit me répondre que de ses propres yeux, elle l'avoit vû monter l'escalier & s'introduire dans l'appartement.

J'avois si peu d'objection à faire & au témoignage d'une femme que je n'osois soupçonner d'imposture, & à celui de mes yeux qui ne m'avoient rien fait découvrir dans la chambre de Théophé, que ne voyant que des sujets d'épouvante & de confusion dans cette avanture, je pris le parti de regagner promptement mon lit, pour me remettre de la cruelle agitation où j'étois. Cependant le souvenir présent de celle où je venois de laisser Théophé, & mille sentimens qui combattoient pour elle dans mon cœur, me porterent à lui envoyer un de mes gens pour la prier d'être sans inquiétude. Je me reprochois le silence auquel je m'étois obstiné. Elle en avoit pu tirer des conclusions effrayantes; & quelle impression ne devoient-elles pas faire sur son esprit & sur son cœur s'il n'étoit pas vrai qu'elle fût coupable ? On me rapporta qu'on l'avoit trouvée fondante en larmes, & qu'au compliment qu'on lui avoit fait de ma part, elle n'avoit répondu que par des soupirs & des plaintes de son sort. J'en fus si touché, que si je n'eusse écouté que le mouvement de ma compassion, je serois retourné chez elle pour la consoler. Mais les doutes qui m'obscurcissoient l'esprit, ou plutôt les raisons presqu'invincibles qui sembloient m'ôter tout espoir de la trouver innocente, me retinrent malgré moi dans un accablement qui dura toute la nuit.

Ma réfolution étoit de la prévenir le lendemain par une vifite, autant pour foulager fa confufion, que pour tirer d'elle l'aveu du défordre dont on l'accufoit. Une longue habitude de vivre avec elle & de démêler fes difpofitions me faifoit efpérer que la vérité ne m'échapperoit pas long tems; & fi j'étois forcé de lui ôter mon eftime, je penfois du moins à la fauver des railleries de fon Ennemie, en cachant à celle-ci ce que mes foins particuliers m'auroient fait découvrir. Il étoit entré la veille quelque chofe de ce deffein dans le filence que j'avois gardé pendant mes recherches. Je ne voulois pas qu'on pût me reprocher de m'être aveuglé volontairement; & je n'aurois pas ménagé Théophé fi j'avois eu le malheur de la furprendre avec le Comte; mais un refte d'efpérance ayant toujours balancé mes craintes, j'étois réfolu de faifir les moindres prétextes pour faire revenir la Gouvernante de fes imaginations; & rien ne m'avoit tant confondu que de l'entendre insister sur le témoignage de ses propres yeux au moment que j'allois l'accuser de s'être prévenue trop légèrement.

Je me disposois donc à monter chez Théophé, lorsqu'on m'avertit qu'elle entroit dans mon appartement. Je lui sçus bon gré de faire les premières démarches. Le soin qu'elle avoit eu de se composer son visage ne m'empêcha point d'y remarquer les traces de ses larmes. Elle avoit les yeux abbatus, & pendant quelques momens elle n'osa les lever sur moi. Eh! Quoi, Théophé, lui dis-je en la prévenant, vous avez donc été capable d'oublier tous vos principes? Vous n'êtes plus cette fille sage & modeste dont la vertu m'a toujours été bien plus chere que la beauté? O Dieu! Des Amans pendant la nuit! Je n'ai pas eu le mortel chagrin de vous surprendre avec le Comte de...; mais on l'a vû entrer dans votre chambre, & cette horrible avanture n'est pas la première. Je la regardois avec une vive attention, pour démêler jusqu'au moindre de ses mouvemens. Elle pleura long-tems, elle poussa des sanglots, sa voix en étoit comme étouffée; & n'appercevant rien encore qui pût aider mes jugemens, j'étois aussi ému de mon impatience qu'elle paroissoit l'être du sentiment qui l'agitoit. Enfin retrouvant la parole; on l'a vû entrer dans ma chambre, s'écria-t-elle! Qui l'a vû? Qui ose me charger d'une accusation si cruelle! C'est Madame de... sans doute, ajoûta-t-elle en nommant son ancienne Gouvernante; mais si vous en croyez sa haine, il est inutile que je pense à ma justification.

Ce langage me causa quelque surprise. J'y fixai toute mon attention. Il me faisoit juger non-seulement que Théophé étoit prévenuë sur le sujet de mes plaintes, mais qu'elle connoissoit à cette femme une résolution formée de lui nuire. Ecoutez, répondis-je en l'interrompant, je ne vous cacherai point que c'est Madame de ... qui a vû le Comte. Ai-je pu me défier de son témoignage? Mais si vous connoissez quelque chose qui puisse l'affoiblir, je ne refuse pas de vous entendre. Cet encouragement parut lui donner plus d'hardiesse. Elle me raconta que depuis le jour que cette Dame avoit cessé de l'accompagner, M. de ..., qui ne s'etoit plus embarrassé de la voir, avoit répondu assez durement à quelque Billet par lequel elle lui avoit marqué qu'il pouvoit continuer de venir chez elle malgré quelques changemens qui ne la regardoient point. Il lui avoit déclaré que la Comédie étoit au dénouement, & que les raisons qu'il avoit eues de la jouer finissoient par le changement dont elle lui donnoit avis. Cette déclaration lui ayant ouvert les yeux sur le rolle humiliant qu'elle avoit soutenu, elle s'étoit persuadée que Théophé devoit être encore mieux avec son Amant qu'elle ne croyoit être elle-même avec le sien, & le désir de se vanger lui avoit fait prendre toutes sortes de voies pour en découvrir des preuves. Je n'ai point ignoré ses artifices, me dit Théophé. Elle m'a fait suivre chaque fois que je suis sortie, & s'imaginant à la fin que je recevois le Comte pendant la nuit, elle a pouſſé la malignité juſqu'à faire examiner ſoigneuſement mon lit. Quelles offres n'a-t-elle pas faites à ma femme de chambre ? Il n'y a pas deux jours qu'elle ſaiſit à la porte une lettre que le Comte m'écrivoit. Elle me l'apporta ſur le champ toute ouverte ; & piquée de n'y trouver que des expreſſions reſpectueuſes, elle y donna tout le ſens que la malignité peut inventer, en me menaçant de vous en avertir.

Je n'ai pas douté, ajoûta Théophé, en vous voyant hier dans ma chambre avec elle, que ce ne fuſſent ſes accuſations qui vous y amenoient. Mais votre préſence, ou plutôt le déſeſpoir que je reſſentis de vous voir prêter l'oreille à mon ennemie, me jetta dans la conſternation que vous avez pu remarquer. Aujourd'hui je viens vous conjurer de me délivrer d'une perſécution ſi cruelle. Là, redoublant tout d'un coup ſes pleurs, & ſe réduiſant à des humiliations Grecques, dont elle devoit avoir perdu l'habitude

tude en France, elle se jetta à genoux contre mon lit, pour me supplier de lui accorder ce que je lui avois refusé dans d'autres tems. Un Couvent, me dit-elle, d'une voix étouffée par ses larmes, un Couvent est le seul partage qui me reste, & le seul aussi que je désire.

J'ignore quelle auroit été ma réponse ; car autant que j'étois attendri par ses larmes, & persuadé même par sa justification, autant sentois-je de répugnance à regarder son Accusatrice comme la plus méchante & la plus noire de toutes les femmes. Je demeurai quelques momens comme incertain, & toutes mes réfléxions ne m'apportoient pas plus de lumiéres. Ma porte s'ouvre. Je vois paroître Madame de . . ., c'est-à-dire, l'ennemie de Théophé, la mienne peut-être, & la source de toutes nos douleurs. Etoit-ce de l'éclaircissement ou de nouvelles ténébres que je devois attendre de sa visite ? Je n'eus pas le tems de former ce doute. Elle n'avoit pu ignorer que Théophé étoit dans mon appartement, & c'étoit apparem-

II. Partie.   X

ment la crainte de lui voir prendre quelqu'afcendant fur ma confiance qui l'amenoit pour l'attaquer ou pour fe défendre. Auffi commença-t-elle par la traiter fans ménagement. Elle lui fit des reproches fi durs, qu'innocente ou coupable, la trifte Théophé ne put réfifter à ce torrent d'outrages. Elle tomba dans un profond évanouiffement, dont le fecours de mes gens fut long-tems à la rappeller. Les accufations de la Gouvernante ayant recommencé avec une nouvelle chaleur, je ne vis rien de plus clair dans cet affreux démêlé que l'obftination de l'une à prétendre qu'elle avoit vû le Comte de ... s'introduire dans le lieu où nous l'avions cherché, & la conftance de Théophé à foutenir que c'étoit une horrible calomnie.

Je fouffrois plus qu'elle d'un fpectacle fi violent. Enfin, partagé entre mille fentimens qu'il m'auroit trop couté d'éclaircir, ne pouvant perdre l'opinion que j'avois de l'honneur de Madame de ... ni me réfoudre à la haine & au mépris pour Théophé, je pris, avec plus d'un soupir, le parti de leur imposer silence & de leur recommander également d'effacer jusqu'au souvenir d'une avanture dont la seule idée devoit leur causer autant d'horreur qu'à moi. Vous ne me quitterez point, dis-je à Théophé, & vous tiendrez une conduite qui puisse braver tous les soupçons. Vous, dis-je à Madame de..., vous continuerez de vivre chez moi, & s'il vous arrive de renouveller des accusations qui ne soient pas mieux prouvées, vous irez sur le champ chercher un autre azyle. J'étois en droit de lui faire cette menace, parce que c'étoit ma seule générosité qui la faisoit subsister.

J'ai continué depuis cette étrange avanture de jouir de la vûe & du commerce de Théophé, sans en prétendre d'autre satisfaction que celle de la voir & de l'entendre. La force de mon mal, & peut-être l'impression qui m'étoit restée d'une si malheureuse scéne, m'ont guéri insensiblement de toutes les atteintes de l'amour. Si elle s'est livrée à d'autres foiblesses, c'est de ses

Amans que le Public en doit attendre l'Histoire. Elles n'ont pas pénétré jusqu'au séjour de mes infirmités. Je n'ai même appris sa mort que plusieurs mois après ce funeste accident, par le soin que ma famille & tous les amis qui me voyent dans ma solitude, ont eu de me la déguiser. C'est immédiatement après la premiére nouvelle qu'on m'en a donnée, que j'ai formé le dessein de recueillir par écrit tout ce que j'ai eu de commun avec cette aimable Etrangére, & de mettre le Public en état de juger si j'avois mal placé mon estime & ma tendresse.

Fin de la seconde & derniére Partie.

www.ingramcontent.com/pod-product-compliance
Lightning Source LLC
Chambersburg PA
CBHW060125170426
43198CB00010B/1043